高职高专汽车专业系列教材

新能源汽车构造与维修维护

何宇漾 华 奇 主 编

程 岩 丁 伟 副主编

清华大学出版社
北 京

内容简介

本书共包括 5 个项目、16 个任务,主要内容包括新能源汽车概述、新能源汽车安全使用、纯电动汽车的基本构造与维修、普锐斯混合动力电动汽车的构造与检修、燃料电池汽车等内容。全书以典型车型为例,阐述了新能源汽车安全操作、纯电动汽车故障诊断与排除、混合动力汽车故障诊断与排除方法。

本书内容新颖,知识面广,结构合理,实用性强,内容与教学方法相融合,以典型案例为载体,采用项目导向、任务驱动的结构形式,遵循学习规律,层层深入,激发学生的学习兴趣,注重理论与实践相结合,加强学生职业素质的培养和实践技能的训练。

本书用大量的图片、动画和视频资料,形象、生动地展示了各种新能源汽车的构造、工作原理与维修方法,并提供了项目工单,方便教师授课和学生课堂学习。本书可以作为高职、普通高等院校及中专技校汽车类专业的教材,亦可作为新能源汽车技术的培训教材。

本书封面贴有清华大学出版社防伪标签,无标签者不得销售。
版权所有,侵权必究。举报: 010-62782989, beiqinquan@tup.tsinghua.edu.cn。

图书在版编目(CIP)数据

新能源汽车构造与维修维护/何宇漾,华奇主编. —北京:清华大学出版社,2021.4(2024.8重印)
高职高专汽车专业系列教材
ISBN 978-7-302-57689-1

Ⅰ.①新… Ⅱ.①何… ②华… Ⅲ.①新能源—汽车—构造—高等职业教育—教材 ②新能源—汽车—车辆修理—高等职业教育—教材 Ⅳ.①U469.7

中国版本图书馆 CIP 数据核字(2021)第 045429 号

责任编辑:桑任松　石　伟
装帧设计:刘孝琼
责任校对:李玉茹
责任印制:丛怀宇

出版发行:清华大学出版社
　　　　　网　　址:https://www.tup.com.cn, https://www.wqxuetang.com
　　　　　地　　址:北京清华大学学研大厦 A 座　　邮　编:100084
　　　　　社 总 机:010-83470000　　　　　　　　　邮　购:010-62786544
　　　　　投稿与读者服务:010-62776969, c-service@tup.tsinghua.edu.cn
　　　　　质量反馈:010-62772015, zhiliang@tup.tsinghua.edu.cn
　　　　　课件下载:https://www.tup.com.cn, 010-62791865
印 装 者:涿州市般润文化传播有限公司
经　　销:全国新华书店
开　　本:185mm×260mm　　印　张:14.5　　字　数:345 千字
版　　次:2021 年 4 月第 1 版　　　印　次:2024 年 8 月第 2 次印刷
定　　价:45.00 元

产品编号:079954-01

前　言

新能源汽车产业是我国战略性新兴产业发展规划产业之一，是汽车工业未来的发展方向。随着新能源汽车在汽车领域产业化的有序推进，对新能源汽车的安全维护、使用、检测与维修等方面的专业技术人才的需求也会逐步扩大。针对社会这一发展需求，高职院校汽车类专业纷纷开设或预开设新能源汽车技术课程，但至今可供高职院校教学使用的检测维修类教材仍然较少，尤其是以具体车型为载体、系统介绍新能源汽车结构及检修技术等内容的教材几乎没有。

本书结合近年来新能源汽车的新技术、新成果、新标准和高职教育教学所取得的新经验，坚持以职业为导向，以提高学生的综合素质和就业能力为目标，以提高学生的实践技能为主线，为适应产教融合、工学结合、教学做一体化的教学需要，进行项目导向、任务驱动的教材设计，将新能源汽车的结构与原理、运用与维护、故障与诊断等内容有机融合。本书遵循学习规律，层层深入，激发学生的学习兴趣，使理论紧密联系实际，与现代新能源汽车技术同步发展。

全书分 5 个项目 16 个任务，主要讲授新能源汽车概述、新能源汽车安全使用、纯电动汽车的基本构造与维修、普锐斯混合动力电动汽车的构造与检修、燃料电池汽车等内容，在实际教学过程中可安排 48～64 学时。

在本书编写过程中，引用了一些网上资料和图片以及参考文献中的部分内容，特向其作者表示深切的谢意。

本书由江苏信息职业技术学院何宇漾、华奇主编，江苏信息职业技术学院程岩、丁伟为副主编。项目一和项目五由丁伟编写，项目二由何宇漾编写，项目三由华奇编写，项目四由程岩编写。

由于本书内容新、知识面广，限于编者的水平和能力，书中不当之处在所难免，恳请读者给予指正。

编　者

目　　录

项目一　新能源汽车概述 1

任务一　新能源汽车的定义与分类 2
　　一、新能源汽车的定义 2
　　二、新能源汽车的分类 2

任务二　新能源汽车主流车型 5
　　一、纯电动汽车主流车型 5
　　二、混合动力电动汽车主流车型 6
　　三、燃料电动汽车主流车型 8

任务三　新能源汽车的发展 9
　　一、新能源汽车的发展背景 9
　　二、新能源汽车的发展现状 10
　　三、新能源汽车的发展趋势 12

课后习题 12

项目二　新能源汽车安全使用 15

任务一　认识汽车高压电 16
　　一、高压电的定义及危害 16
　　二、防护设备及防护措施 17
　　三、新能源汽车维修的注意事项 20
　　四、电路检测工具及使用方法 23

任务二　新能源汽车维修安全操作规程 25
　　一、使用注意事项 25
　　二、高压系统维修注意事项 26
　　三、新能源汽车的日常保养 27
　　四、新能源汽车的定期保养 29

课后习题 31

项目三　纯电动汽车的基本构造与维修 33

任务一　纯电动汽车典型结构认知 34
　　一、纯电动汽车的基本结构 34
　　二、比亚迪 E5 高压回路组成与作用 39
　　三、E5 高压电控总成的内部构造及主要功能 42
　　四、E5 电力驱动系统 45
　　五、比亚迪 E5 充电系统构造 52
　　六、比亚迪 E5 高压互锁构造与检修 59
　　七、比亚迪 E5 启动性铁电池 61

任务二　纯电动汽车电池系统故障诊断与排除 65
　　一、动力电池组成与拆装 65
　　二、比亚迪 E5 电池管理系统 69
　　三、比亚迪 E5 电池管理系统故障诊断与排除 71

任务三　纯电动汽车高压系统故障诊断与排除 90
　　一、比亚迪 E5 高压电控总成的功能 90
　　二、比亚迪 E5 高压电控总成管脚的功能和定义 94
　　三、比亚迪 E5 主控制器 97
　　四、认识比亚迪 E5 前舱保险丝盒和仪表板保险丝盒 100
　　五、比亚迪 E5 双路电配电 103

六、比亚迪 E5 仪表盘 104
七、比亚迪 E5 能量回收系统
认知 108
八、比亚迪 E5 变速器认知 109

项目四 普锐斯混合动力电动汽车的构造与检修 139

任务一 混合动力汽车 140
一、混合动力汽车的定义 140
二、混合动力电动汽车的
分类 140
三、普锐斯混合动力电动汽车
的特点 141

任务二 普锐斯混合动力电动汽车
系统 144
一、普锐斯混合动力电动汽车
系统的组成 144
二、阿特金森(Atkinson)循环
发动机 148

任务三 主要部件的功能及工作
原理 151
一、MG1 和 MG2 驱动桥 151
二、变频器 154
三、DC-DC 转换器 156
四、HV 蓄电池 157
五、HV 蓄电池模块 158
六、检修塞 159
七、HV 蓄电池冷却系统 159
八、辅助蓄电池 160
九、高压电缆 162

任务四 THS 系统工作原理 162
一、概念 162
二、工作状态 163

三、工作原理 164
任务五 THS 高压电控制系统 171
一、HV 蓄电池控制系统 172
二、发动机 ECU 控制 176
三、变频器控制 176
课后习题 177

项目五 燃料电池汽车 179

任务一 燃料电池汽车概述 180
一、燃料电池电动汽车的类型 ... 180
二、燃料电池汽车的基本
结构 184
三、燃料电池汽车的工作
原理 193
四、燃料电池汽车的特点 193
五、燃料电池汽车的主要
技术 194
六、燃料电池汽车车型实例 ... 197

任务二 燃料电池概述 202
一、燃料电池简介 202
二、燃料电池的类型 204
三、燃料电池的工作原理 205
四、燃料电池的特点及应用 209
五、燃料电池汽车国内外研究
现状 210

任务三 氢燃料的应用 211
一、氢燃料在汽车上的应用
方式 211
二、氢气燃料来源 213
课后习题 215

附录 218

参考文献 223

项目一　新能源汽车概述

【学习目标】

掌握新能源汽车的定义，并能够对其进行区分；熟悉新能源汽车的分类、工作性能；了解新能源汽车发展现状。

【能力要求】

结合我国新能源汽车技术发展现状与战略，培养学生观察、信息收集能力以及创新能力。

任务一　新能源汽车的定义与分类

一、新能源汽车的定义

根据我国工业和信息化部 2016 年 10 月 20 日颁布的《新能源汽车生产企业及产品准入管理规定》，新能源汽车(new energy vehicles，NEV)是指采用新型动力系统，完全或者主要依靠新型能源驱动的汽车，包括纯电动汽车、插电式混合动力(含增程式)汽车和燃料电池汽车等。

二、新能源汽车的分类

1. 纯电动汽车

纯电动汽车(battery electric vehicle，BEV)，是由车载可充电蓄电池或其他能量储存装置提供电能、由电机驱动的汽车。部分车辆把电动机装在发动机舱内，也有一部分直接以车轮作为四台电动机的转子。

纯电动汽车是完全由可充电电池(如铅酸电池、镍镉电池、镍氢电池或锂离子电池)提供动力源的汽车，如图 1-1 所示为特斯拉 Model X 纯电动汽车。电力可以从多种能源获得，如煤、核能、水力、风力、光、热等，解除了人们对石油资源日渐枯竭的担心。纯电动汽车还可以充分利用夜晚用电低谷时富余的电力充电，使发电设备日夜都能充分利用。有关研究表明，同样的原油经过粗炼，送至电厂发电，经充入电池，再由电池驱动汽车，其能量利用效率比经过精炼变为汽油，再经汽油机驱动汽车高，因此发展电动汽车有利于节约能源和减少二氧化碳的排放。

图 1-1　特斯拉 Model X 车型

2. 插电式混合动力汽车

插电式混合动力汽车(plug-in hybrid vehicle，PHV)是一种可外接充电的新型混合动力汽车。传统的混合动力汽车是指那些采用传统燃料，同时配以电动机/发动机来改善低速动力输出和燃油消耗的车型。而 PHV 是在传统混合动力汽车基础上派生而来，并兼有传统混合动力汽车与纯电动汽车的基本功能特征。区别于传统使用汽油发电、电辅助汽油的混合动力汽车，插电式混合动力汽车有一块大电池，可以通过电源为其充电，日常可以完全使用电力驱动，所以其使用成本远远低于传统混合动力汽车。

插电式混合动力汽车是可以在正常使用情况下，从非车载装置中获取电能，以满足车辆一定的纯电动续驶里程的混合动力汽车，可以分为增程式混合动力汽车、并联式插电混合动力汽车和混联式插电混合动力汽车。

增程式混合动力汽车是在纯电动汽车的基础上开发的电动汽车，如图 1-2 所示为宝马 i3 增程式混合动力汽车。之所以称之为增程式混合动力汽车是因为车辆追加了增程器(传统发动机加上发电机)，而为车辆追加增程器的目的是进一步提升纯电动汽车的续驶里程，使其能够尽量避免频繁地停车充电。在日常使用过程中，将增程式混合动力汽车当作一台纯电动车来使用，只要单次使用不超过电池可提供的续航里程，就可以做到零排放和零油耗。增程模块可以在电量快用完时带动发电机发电，再以发出的电驱动主电动机，优点是发动机可以一直工作在最佳工况，因此在其低速时经济性很好；但在其高速工况时，发动机本身处在最佳工况，发电会增加损耗，经济性反而不及汽油车。

图 1-2　宝马 i3 增程式混合动力汽车

并联式插电混合动力汽车是在汽油车的基础上，加上电池和电机组成的。日常使用可以作为电动车，长途混合动力模式电机同时负责发电和驱动的任务，这类车的优点是结构简单，动力极其强大(由于电机和发动机可以同时加速)，同时具有不错的节能效果；缺点是无法完全隔绝发动机的不良工况，在电量过小时完全变成汽油车。如图 1-3 所示为比亚迪秦 100 并联式插电混合动力汽车。

图 1-3　比亚迪秦 100 并联式插电混合动力汽车

混联式插电混合动力汽车可以看作是增程式混合动力系统和并联式混合动力系统的结合，拥有以上两者的所有优点，既可以在电池耗尽后获得很好的燃油经济性，又可以获得发动机和电机叠加的动力，缺点是结构及控制系统复杂。如图 1-4 所示为比亚迪 F30M 并联式插电混合动力汽车。

图 1-4　比亚迪 F30M 并联式插电混合动力汽车

插电式混合动力汽车是由混合动力汽车进化而来的，它继承了混合动力汽车的大部分特点，但把混合动力汽车的功率型电池替换为比容量(单位质量所包含的能量)更大的能量型电池，如此一来动力电池就有足够的能量保证车辆可以在零排放、无油耗的纯电动模式下行驶一定的距离。

3. 燃料电池汽车

燃料电池汽车是指以氢气、甲醇等为燃料，通过化学反应产生电流，依靠电机驱动的汽车。其工作原理是，使作为燃料的氢在汽车搭载的燃料电池中与大气中的氧发生化学反应，产生电能发动电动机，由电动机带动汽车中的机械传动结构，进而带动汽车的前后万向轴、后桥等行走机械结构，转动车轮驱动汽车。如图 1-5 所示为丰田燃料汽车 Mirai。

图 1-5　丰田燃料汽车 Mirai

核心部件燃料电池采用的能源间接来源是甲醇、天然气、汽油等烃类化学物质，通过相关的燃料重整器发生化学反应间接地提取氢元素；直接来源就是石化裂解反应提取的纯液化氢。由于电池的能量来自氢气和氧气发生的化学反应，而非油燃烧获得，燃料电池的化学反应过程不会产生有害产物，因此燃料电池汽车是无污染的汽车。燃料电池的能量转换效率比内燃机要高 2~3 倍，因此从能源的利用和环境保护方面考虑，燃料电池汽车是一种理想的绿色新型环保汽车。

近几年来，燃料电池技术已经取得了重大的进展。世界著名汽车制造厂，如戴姆勒—克莱斯勒、福特、丰田和通用汽车公司等已经宣布，将燃料电池汽车投向市场。在开发燃料电池汽车过程中仍然存在着技术挑战，如燃料电池组的一体化，汽车制造厂都在朝着集成部件和减少部件成本的方向努力，并已取得了显著的进步。

任务二　新能源汽车主流车型

新能源汽车车型介绍
(特斯拉 M3)

一、纯电动汽车主流车型

Model X 是一款高性能、安全、智能的全尺寸 SUV。标配全轮驱动，最高续驶里程可达 565km(100 kW · h 电池)。Model X 可容纳 7 位成人及其随行装备。百公里加速仅需 3.1s。特斯拉(Tesla)是一家美国电动车及能源公司，产销电动车、太阳能板及储能设备。总部位于美国加利福尼亚州硅谷帕洛阿尔托。图 1-6 所示为特斯拉 Model X。

比亚迪 e6 如图 1-7 所示。它是比亚迪自主研发的一款纯电动 crossover，兼容了 SUV 和 MPV 的设计理念，是一款性能良好的跨界车。它的续驶里程超过 300km，为同类车型之冠。

图1-6 特斯拉 Model X

  e6 最大的亮点，即采用电力驱动，其动力电池和起动电池均采用比亚迪自主研发生产的 ET-POWER 铁电池，不会对环境造成任何危害，其含有的所有化学物质均可在自然界中被环境以无害的方式分解吸收，能够很好地解决二次回收等环保问题，是绿色环保的电池。铁电池经过高温、高压、撞击等试验测试，安全性能非常好，短路爆炸机会不高。在能量补充方面，e6 可使用 220V 民用电源慢充，快充为 3C 充电，15 分钟左右可充满电池 80%。纯电动车 e6 已通过国家强制碰撞试验，比亚迪做了大量测试，包括 8 万～10 万公里道路耐久试验，以及在软件控制等方面都有了很大的改进。

图1-7 比亚迪 e6

二、混合动力电动汽车主流车型

  日本最早开始混合动力电动汽车的开发，并成功实现产业化。1997 年 10 月，日本丰田汽车推出的第一代普锐斯(Prius)问世。2003 年，通过第一代普锐斯积累的经验，第二代普锐斯问世了，在欧美获得大小数十个奖项之后，2006 年第二代普锐斯进入中国，第二代普锐斯在 2009 年停产。2009 年，丰田推出了代号为 ZVW30 的第三代普锐斯，如图 1-8 所示。第三代普锐斯在海外销售市场，仅在 2009 至 2011 年之间便突破了 100 万辆的销量。2012 年，一汽丰田再次引入普锐斯。第三代普锐斯选择继续沿用上一代普锐斯的三角楔外观，由于"光滑"的外形和重新优化设计的车身细节，普锐斯的风阻系数达到了 0.25。

图 1-8　第三代 ZVW30 普锐斯

比亚迪汽车秦。在动力方面，秦搭载一套 1.5L 涡轮增压发动机+电动机的动力系统，其发动机最大功率为 113 kW(154 Ps)/5200 rpm，最大扭矩为 240 N·m/(1750～3500 rpm)。传动方面，与之匹配了 6 速双离合变速箱。在纯电动的状态下秦的巡航里程为 70 km。而秦的工信部油耗为 1.6 L/100 km。如图 1-9 所示为比亚迪汽车秦。

图 1-9　比亚迪汽车秦

上汽荣威 e550。在动力方面，荣威 e550 搭载 1.5L 自然吸气发动机+电动机的动力组合，自然吸气发动机的最大功率为 80 kW(109 Ps)/6000 rpm，最大扭矩为 135 N·m/4500 rpm。纯电动状态下荣威 e550 的巡航里程为 60 km。另外，荣威 e550 的工信部油耗为 1.6 L/100 km。如图 1-10 所示为荣威 e550。

图 1-10　荣威 e550

三、燃料电动汽车主流车型

丰田于 2014 年 12 月在日本开始销售 FCEV"Mirai",如图 1-11 所示。随后从 2015 年秋季开始将销售范围扩大至美国和欧洲。Mirai 被丰田视为"未来之车"。Mirai 唯一需要消耗的"燃料"就是氢气,不用加油也不用充电,加满 5kg 氢气就可以连续跑上 650km。而氢元素在地球上储量是最丰富的,是最适合宇宙空间站或者宇宙探测器使用的备用能源之一。燃料电池利用氢气与氧气化学反应过程中的电荷转移来形成电流。因此 Mirai 是纯电动车,燃料电池堆栈代替的是厚重且充电效率低下的锂离子电池组。

图 1-11 丰田 Mirai

在政策的推动下,我国车企氢燃料电池汽车的研发也在加速,上汽、北汽福田属于较早开始燃料电池技术研发的车企。其中,上汽早在 2006 年就成立了燃料电池事业部,从整车集成、系统集成,到现在发力突破电堆技术,上汽目前已成功推出燃料电池轻型客车大通 FCV80,荣威 950 燃料电池车也在示范运营中,如图 1-12 所示为荣威 950 燃料电池车。

图 1-12 荣威 950 燃料电池车

格罗夫第一辆产品样车,是一款大型豪华 SUV,也是中国第一台采用氢能碳纤维车身的自主品牌乘用车。该车由格罗夫西班牙造型设计中心设计,兼具动力和灵敏度,搭载全球领先技术的氢燃料电堆,全身采用碳纤维材料,续驶里程可达 1000km 以上,如图 1-13

所示。

据悉,格罗夫品牌规划系列有竞争力的车型,已于2019年4月在上海车展推出,接受客户预订。武汉资环工研院也启动了氢能基础设施建设,将于明年在中国一线城市推广,2021年扩大到二线城市,2022年在中国主要城市大批量启动。

图1-13　格罗夫氢燃料汽车

任务三　新能源汽车的发展

新能源汽车发展

一、新能源汽车的发展背景

目前,全球能源和环境面临着巨大的挑战,汽车作为石油消耗和二氧化碳排放大户,需要进行革命性的变革。为了减少二氧化碳的排放,发展新能源汽车已经在全球范围内达成了共识。从长期来看,包括纯电动、燃料电池技术在内的纯电驱动将是新能源汽车的主要技术方向,在短期内,油电混合、插电式混合动力将是重要的过渡路线。

我国发展新能源汽车,是应对节能减排重大挑战的需要,同时也是汽车产业跨越式发展和提升国际竞争力的需要。欧美国家及日本,都把发展新能源汽车作为战略制高点来考虑,国家投入力量加强产业的发展。当前世界各国都在大力发展新能源汽车,我国更是将其列入七大战略性新兴产业之中。节能与新能源汽车的发展是我国减少石油消耗和降低二氧化碳排放的重要举措之一,国家对其发展高度关注,陆续出台了各种扶持培育政策,为新能源汽车的发展营造了良好的政策环境。近年来,我国新能源汽车产业在行业标准、产业联盟、企业布局、技术研发等方面也取得了明显进展,有望肩负起中国汽车工业"弯道超车"的历史重任。

二、新能源汽车的发展现状

目前来看，全球新能源汽车的发展还面临着一些共同的难题，如关键技术的突破、汽车工业的转型、基础设施的建设以及消费者的接受度等。当前引领新能源汽车发展的主要还是美国、日本以及欧洲的一些国家，这些国家起步比我国要早很多，发展也各有侧重。

美国长期侧重降低石油依赖、确保新能源安全的战略，将发展新能源汽车作为交通领域实现根本上摆脱石油依赖的重要措施，并以法律法规的形式确定了新能源汽车的战略地位。早在克林顿时期，美国就提出了以提高燃油经济性为目标的计划，混合动力是当时主要的技术解决方案。到了布什时期，变为追求零排放和零石油依赖，技术解决方案主要是氢燃料电池汽车，后来还有一个计划，想用十年的时间实现 20%的石油替代和节约，主要措施是发展生物质燃料。在国际金融危机以后，美国政府将大力发展电动汽车作为实施新能源战略的重要内容，提出了总额 40 亿美元的动力电池以及电动汽车研发和产业化的计划，产品上，选择了以插电式混合动力电动车为重点。

日本长期坚持确保能源安全和提高产业竞争力的双重战略，通过制定国家目标引导新能源汽车产业的发展，同时高度重视技术创新。2006 年，日本提出了新的国家能源战略，目标是到 2030 年交通领域对石油的依赖从 100%降到 80%，为了配合这个新能源战略的实施，提出了下一代汽车燃料计划，明确提出改善和提高汽车燃油经济性标准，推进生物质燃料的应用，促进电动汽车和燃料电池汽车的应用等。目前，日本正全面发展三类电动汽车，其混合动力全球销量第一；在纯电驱动方面，规划和产业化推进步伐也是最快的；另外，日本燃料电池产品的研发和产业化推进也领先于其他国家。

相对于美国和日本，欧洲更加侧重于温室气体减排战略。满足日益严格的二氧化碳排放限制要求已经成为欧洲对新能源汽车发展的主要驱动力。欧洲的新能源汽车发展在早期主要以生物质燃料、天然气以及氢燃料为主，21 世纪初曾经提出到 2020 年 23%的石油替代目标。近期，欧洲则对电动汽车给予高度关注。例如，德国 2009 年下半年发布电动汽车计划，高度重视纯电驱动的电动汽车发展，以纯电为重点，分别提出了 2012 年、2016 年、2020 年的产业化和市场化目标。

我国传统汽车领域和国外相比还比较落后，但在新能源汽车方面，我国和发达国家是站在同一个起跑线上，这就决定了我国有机会在新能源汽车领域与西方发达国家在一个平衡的层面上创新。我国汽车工业以纯电驱动作为技术转型的主要战略方向，重点突破电池、电机和电控技术，推进纯电动汽车、插电式混合动力汽车产业化，实现汽车工业跨越式发展。

从 2001 年开始，我国"863"项目共投入 20 亿元研发经费，形成了以纯电动、油电混合动力、燃料电池三条技术路线为"三纵"，以动力蓄电池、驱动电机、动力总成控制系统三种共性技术为"三横"的电动汽车研发格局。共计有 200 多家整车及零部件企业、高校和科研院所,以及 3000 多名科技人员直接参加了电动汽车专项研发。到目前为止,共有 160 多款各类电动汽车进入我国汽车产品公告,建成 30 多个电动汽车国家重点实验室等国家级别的技术创新平台,制定电动汽车相关标准 40 多项。

近几年,我国陆续出台了节能与新能源汽车示范推广以及私人消费补贴的相关政策,并在不断扩大试点的范围。在政策的支持下,我国新能源汽车消费市场开始启动,电动汽车基础设施建设也得到了初步发展,部分城市已经形成了网络雏形。随着 2009 年"十城千辆"工程的实施,电动汽车能源供给基础设施的潜在机会开始受到重视,国家电网公司、南方电网公司、普天海油公司等能源企业,围绕国家新能源汽车发展战略,强势介入充电基础设施建设,各示范城市和社会各界也积极响应。

目前,我国电动汽车整车已经进入规模化应用阶段,包括动力性、经济性、续驶里程、噪声等指标已经达到国际水平,也取得了举世瞩目的成就。

第一,技术水平显著提升。动力电池单体能量密度达 220 瓦时/公斤、价格 1.5 元/瓦时,较 2012 年能量密度提高 1.7 倍、价格下降 60%。驱动电机峰值功率密度达到 2.0 千瓦/公斤。纯电动汽车主流车型的动力性、经济性、安全性以及舒适性大幅提升,基本满足人们日常出行需求,社会认可度明显提高。

第二,产业体系基本建立。新能源汽车的发展带动了上下游产业投资,贯通了基础材料、关键零部件、制造装备等产业链关键环节,建立了结构完整、自主可控的产业体系。建成了珠三角、长三角、京津冀、中原四大动力电池产业聚集区,成为全球最大的动力电池生产国。

第三,企业竞争能力显著增强。2016 年,比亚迪、吉利、北汽等企业进入全球新能源乘用车销量前十。国产新能源客车技术水平世界领先,销往全球 30 多个国家,并实现了产品、技术、标准和服务协同"走出去"。宁德时代、精进电动等成为全球知名的新能源汽车零部件供应商。

第四,充电基础设施建设稳步推进。企业积极参与,众筹建桩、互联网+等创新商业模式涌现,公共场所、单位内部、居民小区、高速公路充电基础设施建设全面推进。据初步统计,截至 2019 年 7 月,全国共建成公共充电桩 27.5 万个,同比增长了 52%,新用户私人安装率接近 80%,新能源汽车专用号牌已经在全国推广使用。

但是目前我国新能源汽车产业仍处于发展初级阶段,虽然产销市场规模实现快速增长,但动力电池核心技术还需要大幅度提升,充电基础设施建设仍需加快推进,同时,新能源汽车作为新兴产业,社会各界参与热情高,推动了一大批新建新能源汽车、动力电池企业项目建设。目前,在新能源客车、货车企业领域已出现结构性过剩趋势,动力电池高端产能不足、低端过剩问题进一步加剧。同时新能源汽车的标准体系建设也需要不断完善,新能源汽车驱动方式、驱动结构、电源结构的变化，充电设施、充电站的变化，都需要制定新的标准来规范。

三、新能源汽车的发展趋势

从目前的汽车产业形势来看，在国家政策引导、扶持下，我国新能源汽车迅猛发展。统计数据显示，2018年中国新能源汽车销量为125.6万辆；2019年，我国新能源汽车产销量分别为124.2万辆和120.6万辆。在新能源汽车主要品种中，纯电动汽车产量同比略有增长，销量小幅下降。

我国《"十三五"国家战略性新兴产业发展规划》提出，推动新能源汽车、新能源和节能环保等绿色低碳产业成为支柱产业，产值规模达到10万亿元以上，到2020年，新能源汽车实现当年产销200万辆，动力电池系统比能量达到260瓦时/公斤，成本降至1元/瓦时。到2025年，新能源汽车销量占汽车总销量比例将达到20%，动力电池系统比能量达到350瓦时/公斤，新能源汽车骨干企业在全球的影响力和市场份额进一步提升，智能网联汽车进入世界先进行列，建立安全可控的汽车零部件体系，我国争取迈入汽车强国行列。

发展新能源汽车是促进汽车产业转型升级、抢占国际竞争制高点的紧迫任务，也是推动绿色发展、培育发展新动能的重要举措。目前我国汽车工业以纯电驱动作为技术转型的主要战略方向，重点突破电池、电机和电控技术，推进纯电动、燃料电池、插电式混合动力等汽车产业化，实现汽车工业的跨越式发展。

与此同时，随着国际社会对新能源汽车产业发展的重视程度提升到一个新的高度，汽车发达国家纷纷加大对新能源汽车、智能网联汽车的扶持力度，国际汽车企业集团也在加速布局，全球产业发展的竞争格局也必将日趋激烈。

课后习题

一、填空题

1. 新能源汽车是指采用_____系统，完全或者主要依靠_____驱动的汽车，包括_____、_____和_____等。

2. 纯电动汽车，是由车载可充电_____或其他能量储存装置提供电能、由电机驱动的汽车。

3. 插电式混合动力汽车是一种可外接_____的新型混合动力汽车。

4. 插电式混合动力汽车可以分为_____、_____、_____。

5. 燃料电池汽车是指以_____、_____等为燃料，通过化学反应产生电流，依靠电机驱动的汽车。

二、选择题

1. 在电动汽车的四大类型(纯电动汽车、插电式混合动力汽车、非插电式混合动力汽车和燃料电池汽车)中，仍然以燃油为动力的是( )。

    A. 纯电动汽车　　　　　　　B. 插电式混合动力汽车

    C. 非插电式混合动力汽车　　D. 燃料电池汽车

2. 与燃油汽车相比，电动汽车的优势不包括( )。

    A. 电动汽车能量转化效率高　　B. 电动汽车终端无污染

    C. 符合未来能源发展趋势　　　D. 续驶里程长

3. 以下哪个标识是北汽新能源品牌？( )

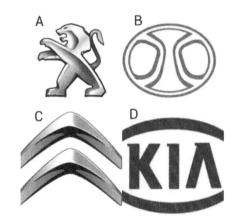

三、简答题

1. 说出新能源汽车的分类及主要新能源汽车品牌。

2. 请结合材料简要概括新能源汽车的发展趋势。

项目二　新能源汽车安全使用

【学习目标】

熟悉新能源汽车中涉及的高压电基本特点；了解车用高压的安全常识；明确高压电的基本原理。

【能力要求】

熟悉新能源汽车安全使用和故障诊断的一般流程和基本方法；能够有效地做好防护措施。

任务一 认识汽车高压电

一、高压电的定义及危害

1. 高压电的定义

高压电是指配电线路交流电压在 1000 V 以上或直流电压在 1500 V 以上的电接户线。交流电压在 1000 V 以下或直流电压在 1500 V 以下为低压电。安全电压通常为交流 36 V 以下，直流 50 V 以下。我国规定安全电压额定值的等级为 42 V、36 V、24V、12 V、6 V 五种。

相对于普通电源来说，高压电有其特殊危害性。高压触电有两种特殊情形：一是高压电弧触电；二是跨步电压触电。由于电压很高，很容易让人触电死亡，所以要特别注意人身安全。

2. 短路电流的危害

1) 短路的定义

电力系统在运行中相与相之间或相与地(或中性线)之间发生非正常连接(短路)时流过的电流称为短路电流。在三相系统中发生短路的基本类型有三相短路、两相短路、单相对地短路和两相对地短路。

2) 短路的危害

短路电流将引起下列严重后果：短路电流往往会有电弧产生，它不仅能烧坏故障元件本身，也可能烧坏周围设备和伤害周围人员。巨大的短路电流通过导体时，一方面会使导体大量发热，造成导体过热甚至熔化，以及绝缘损坏；另一方面巨大的短路电流还将产生很大的电动力作用于导体，使导体变形或损坏。短路也同时会引起系统电压大幅度降低，特别是靠近短路点处的电压降低得更多，从而可能导致部分用户或全部用户的供电系统遭到破坏。

3. 新能源汽车的高压电

新能源汽车的高压电一般为 300～600V。如第三代丰田普锐斯混合动力汽车的工作电压为 650V；比亚迪 e5 的工作电压为 620V。根据欧姆定律 $U=IR$，在电压一定的情况下，电阻的阻值直接影响通过人体电流的大小。决定电阻 R 的因素为衣物(潮湿衣物=电阻小)、皮肤湿度(因身体用力、工作环境较热、活动等而出汗)。表 2-1 列出了不同电流路径下，人体电阻的阻值。根据欧姆定律，能够计算出在高电压下通过人体手—手、手—脚等的电流。假设电压为 360V，计算流经人体两手之间的电流如下：

$I=U/R=360V/1000Ω=0.36A$

那么手与手之间形成的回路电流就是 0.36 A。

表 2-1 人体电阻

电流路径	人体电阻
手—手	1000Ω
手—脚	750Ω
双手—脚	500Ω
手—胸	460Ω
手—臀部	300Ω

4. 人体通过电流

当电流作用至人体的心脏时，可导致心室颤动甚至心跳停止。图 2-1 显示的是人体心脏在不同的通电电流和通电时间下的反应。如果人体通过较强电流，则可能造成更大的影响和危害。当人体遭遇电伤时，会出现电灼伤、电烙印、皮肤金属化、机械性损伤、电光眼等二次事故。

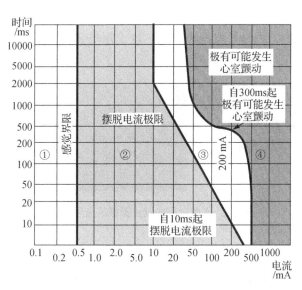

图 2-1 不同通电电流和通电时间人体心脏的反应

二、防护设备及防护措施

1. 使用绝缘防护用品

目前在维护保养新能源汽车过程中采用的绝缘防护用品如图 2-2 所示，包含防护服、高压手套、绝缘鞋等。

图 2-2　绝缘防护用品

2. 禁止佩戴金属制品

在新能源汽车维护、维修等实施作业中，禁止佩戴金属制品，需要取下钥匙、戒指、手表等，如图 2-3 所示。

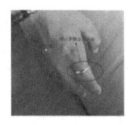

图 2-3　作业过程中禁止佩戴的金属制品

3. 使用合适的绝缘工具

在新能源汽车的检修作业中，应该严格按照操作规程使用如图 2-4 所示的绝缘工具。

图 2-4　绝缘工具

4. 车辆的高压作业设置安全设施

在对新能源汽车进行高压维护作业时，应注意安全。建议使用如图 2-5 所示车辆高压作业的安全防护设施，如绝缘垫、隔离栏、安全警示牌、灭火器等。

图 2-5　车辆高压作业的安全防护设施

5. 断开维修开关或高压互锁装置

1) 断开维修开关

维修开关功能与原理

维修开关(service switch)，是电动车辆上一种常用的手动操作设备。主要作用是当车辆在维修时直接断开高压回路，从而保证操作人员的安全。可以通过如图 2-6 所示的维修开关手动切断全车高压直流回路。

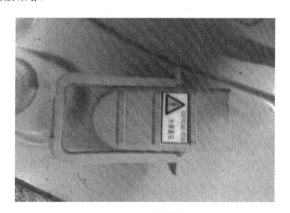

图 2-6　维修开关

高压断电操作

2) 断开高压互锁回路

有些车辆没有设置维修开关，在进行高压维修作业时，应先断开高压互锁回路。具体位置位于高压线束的接口处及高压组件的盖板内，如图 2-7 所示。部分车型会有专门检修用的互锁开关。第一个任务是产生互锁信号。在大多数情况下该脉冲信号电压为矩形波。电压值较低，因此无危险。该互锁信号输入到经过高压组件盖板和高电压导线插头内部的互锁电路内。

盖板和插头内分别有一个跨接线。如果装上盖板，高电压接触监控电路内的跨接线闭合。如果取下盖板并因此拉起跨接线，则电路断开。对高电压插头而言情况类似：插上高电压插头后，高电压接触监控电路内的跨接线闭合；拔下插头后，拉起跨接线使电路断开。

第二个任务是互锁信号分析电路,断开盖板或插头,发现接收到的信号与所发出的高电压互锁信号存在较大偏差(信号电平、对地或对正极短路),则电子装置促使高电压系统关闭。 安全盖板用于盖住高电压组件运行时的带电部件,以防止有人接触这些部件。

图 2-7 高压互锁

三、新能源汽车维修的注意事项

(1) 维修人员须持有低压电工作业证。

低压电工作业证是由国家能源局(原国家电监会)颁发,在用户的受电装置或者送电装置上,从事电气安装、试验、检修、运行等作业的许可凭证,分低压、高压、特种三个类别。依据电监会第 15 号令的规定,持低压级别的作业许可证可从事电压等级为 0.4 kV 以下的电工作业,持高压级别的作业许可证可进网从事所有电压等级的电工作业,持特种级别的作业许可证可从事高压和低压线路实验等特种作业,作业许可证每 3 年一审。图 2-8 所示低压电工作业证属于特种作业操作证。

图 2-8 低压电工作业证

(2) 拆下的维修开关需要妥善放好。

为保证车辆和人的安全,在新能源汽车维修中,拆卸下的电动汽车的维修开关(见图2-9)应妥善放好,以防误装入汽车,造成维修人员触电。

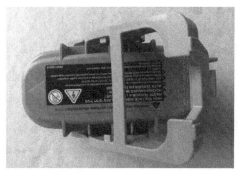
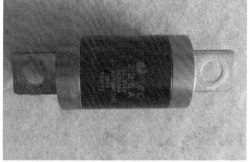

高压动力线束内部结构

图 2-9　电动汽车的维修开关

(3) 不可使用绝缘损坏的电气设备。

在新能源汽车维修中,不可以使用绝缘破损的电气设备(见图2-10),如发现,应及时进行更换。

(4) 不准利用车身电源对电动汽车以外的用电设备供电。

电动汽车高压系统有严格的安全绝缘要求,高压线束接插件有绝缘防护和防水性能要求。私自从高压系统外接电路,对外负载进行供电,会带来严重的安全隐患,导致触电、漏电或对高压设备造成损坏。

(5) 任何人不准启动挂有警告牌的电气设备。

电动汽车带有高压电,维修人员须具备相应资质和技术能力,在未取得许可的情况下,应遵循低压电工安全作业规范,严禁启动他人挂有警示牌的电气设备。

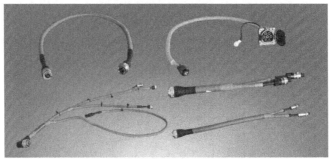

图 2-10　绝缘破损的电气设备

(6) 不准用水冲洗、揩擦新能源汽车的电气设备。

电动汽车高压系统是有严格的绝缘性要求的。水是导电介质，洗车时严禁用高压水枪冲洗汽车，电动汽车上的高压组件不得用水清洗，防止系统漏电带来安全隐患。

(7) 熔断丝熔断时，不准调换容量不符的熔丝。

熔断丝在车辆上起着短路保护的作用，熔断器损坏，首先应检查整条电路是否有短路故障，故障排除后，按规定更换相同规格参数的熔断丝。选取额定电流小的熔断丝会使电路无法正常工作，频繁烧坏熔断器；选取额定电流过大的熔断丝，会使电路过载后得不到保护，损坏其他电气设备。

(8) 不经技术部门或主管部门审批，不准私自改动和加装。

现在的新能源电动汽车发展历史不长，不具备传统燃油汽车成熟的改装经验。车辆的高压动力电池普遍采用锂电池。锂电池的活性程度高，容易燃烧和爆炸，过充和过放电也会对电池带来安全隐患和损坏电气设备。电动汽车整车高压系统出厂时会有严格的检测标准，改装后不具备原厂的检测设备和能力，会对整个系统的绝缘性和安全性带来破坏。

(9) 发现有人触电，应立即切断电源进行抢救，未脱离电源前不准直接接触触电者。

如发现有人触电，应立即切断电源。再根据现场实际情况采用人工呼吸和心肺复苏，同时拨打 120 急救电话(见图 2-11)。

图 2-11　心肺复苏及拨打急救电话

(10) 雷雨天气,禁止室外对车辆充电和维修维护。

根据国家低压电工作业要求,雷雨天气,严禁在室外对车辆充电和维修维护。雷雨天气,充电桩和车辆很容易被雷电击中,雨水还会降低充电桩和车辆的绝缘能力,使车辆不仅容易被雷电击中,还会将雷电牵引到充电设施和线路上,甚至会引发触电和火灾,给人员和设备带来危害。

四、电路检测工具及使用方法

1. 低压部分电路检测工具

新能源汽车低压部分电路检测工具有普通万用表(见图2-12)、钳形万用表(见图2-13)、无损探针(见图2-14)等。

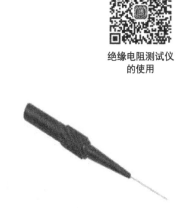

绝缘电阻测试仪的使用

图 2-12　普通万用表　　　图 2-13　钳形万用表　　　图 2-14　无损探针

2. 高压部分电路检测工具

新能源汽车高压部分电路检测工具需使用高压绝缘电阻测试仪(见图2-15),也称为兆欧表。具体操作方法如下(以 500 V,≥30 MΩ为例)。

(1) 将仪器的电源插头接上 AC220V。按下电源开关至 ON 位置,预热 10 分钟,即可正常测试。

(2) 选择适当的测试电压(500V)。

(3) 注意 TEST 灯是否处于熄灭状态,确保接线柱上不带电,接上被测件,按下 TEST 按钮,仪器即可对被测件充电并测量。

(4) 测试完毕后按下 RESET 键或测试时间到仪器自动复位后,才可取下被测件。

(5) 重复上述步骤,进行下一次测量。

(a) 高压绝缘电阻测试仪

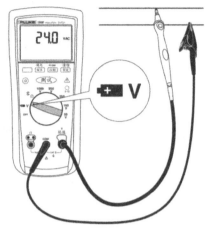
(b) 电压测量

万用表的正确使用

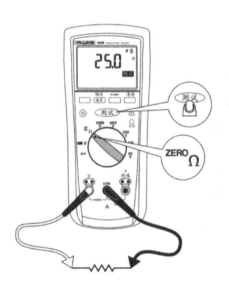
(c) 测量接地耦合电阻

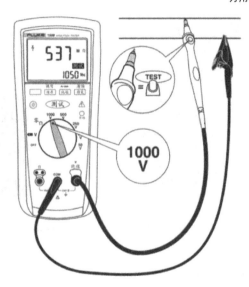
(d) 绝缘电阻测量

图 2-15 高压绝缘电阻测试仪及电压、电阻的测量方法

3. 高压部分线束检查

在对新能源汽车高压部分线束进行检查时，建议优先排查高压盒、电机控制器、空调压缩机、PTC 等。

高压部分线束的故障手动维护开关(manual service disconnect，MSD)没插到位引起的故障占 70%，高压线束端问题占 20%，电池内部线束连接出问题的概率很小。

(1) 确认 MSD 是否插到位，并重新进行拆装。

(2) 测量高压线束是否连接到位。

(3) 测量高压线束的绝缘性是否合格。

任务二　新能源汽车维修安全操作规程

一、使用注意事项

1. 夏季注意事项

(1) 雨季行车前应先做好检查，主要检查雨刷器、车辆空调除雾功能是否正常。

(2) 汽车行驶速度尽量不要超过 60km/h，暴雨天气时尽量不要行驶；如行驶，时速不应超过 20km/h。

(3) 雨季行驶车辆发生故障无法行驶时，应当靠边停车将三脚架支好等待救援，严禁自行维修。

(4) 在泥泞路面行驶时，不要猛踩加速踏板，以免发生侧滑。

(5) 请勿驶入深水中，以免发生漏电短路事故。

(6) 车辆被积水浸泡时，不要考虑继续行驶，应迅速断电并离开车辆，尽量不要与车身金属接触，以免发生触电。

(7) 避免高温充电，因动力电池温度特性，车辆高速行驶后，夏季建议先停放 30 分钟，再在阴凉通风处进行充电。

(8) 暴雨打雷时尽量不要充电，车辆在露天或者地势较低的地方充电时，下雨后应终止充电，以免积水高度超过充电口发生短路。

(9) 避免车辆暴晒。建议将车辆停放在阴凉通风处，以防车内温度过高，造成安全隐患。

(10) 前机舱严禁使用高压水枪清洗，严禁用高压水枪直接从前格栅向机舱内喷水。

2. 冬季注意事项

(1) 纯电动车辆在冬季低温行驶后，建议及时充电，避免因长时间停驶导致动力电池温度低，造成用电浪费和充电延时。

(2) 车辆充电时，建议尽量将车辆停放于避风朝阳且温度较高的环境。

(3) 充电时预防雪水淋湿充电接口，更不要将充电插头直接暴露在雪水中，防止发生短路。

(4) 避免因冬季气温较低导致充电异常等情况的出现，建议车辆充电开启后检查车辆充电是否确实开启。检查充电桩充电电流，若充电电流达到 12A 以上，表示充电已开启。

3. 车辆燃烧紧急处理

如果车辆在行驶中机舱电器发生燃烧，主要为电机控制器出故障导致元件温度失控起火；电线接头接触不良，通电时打火引燃电线绝缘层及动力电池内部故障起火。当出现车辆起火时，按照如下步骤冷静处理起火事故：

(1) 迅速停车。
(2) 切断电源。
(3) 取下随车灭火器。

4. 拖车注意事项

(1) 拖车救援。车辆在需要求援时，应首先选择专业拖车公司，不得盲目自行拖车，以免对车辆造成不可逆损坏。

(2) 如无专业拖车公司时，在保证安全的前提下，选择自行拖车应保证车辆钥匙处于"ON"挡，换挡手柄置于"N"挡。

(3) 建议使用硬拖，选择合适的拖车杠。在自行拖车时，因车辆特性需控制拖车时速不超过 15km。

5. 车辆托底注意事项

在遭遇凹凸不平的路面时，应减速通过，尽量避免托底情况的发生，一旦发生严重托底，操作如下。

(1) 检查电池外观是否发生损坏。
(2) 若无损坏，重新启动车辆行驶。
(3) 若车辆无法启动，应及时拨打售后服务电话，待救援人员赶赴现场处理。

二、高压系统维修注意事项

(1) 切断车辆电源(将"启动"按钮置于"OFF"挡)，等待 5 分钟。
(2) 穿戴好绝缘手套、绝缘胶鞋等防护用具。
(3) 拔下维修开关并存放在规定的地点。
(4) 对高压系统进行检查并记录相关数据，在车辆上电时应该通知正在检查、维修高压系统的人员。在检修时做好高压系统的绝缘防护处理。
(5) 对高压系统检修后一定要对拆卸或更换过的零部件进行检查，避免因检修后忘记恢复造成其他影响。

三、新能源汽车的日常保养

1. 日常保养的意义

在车辆行驶的过程中,许多零部件处于非常苛刻的运转环境:高温、高速、多尘、颠簸的路面等,一些零件经常高速运动,不断地磨损,一些部件也会在不经意的时候磕伤,这就需要及时进行检查、调整或更换。定期保养主要以检查和调整为主,对刹车、转向、传动、悬挂等系统的定期检查是每种类型的保养都会提供的,这样可以拥有安全的驾驶环境。通过定期的检查和保养,还可以及时发现和解决存在的隐患及故障,避免更大故障的发生。

2. 新能源汽车日常保养的主要内容

新能源汽车包括混合动力汽车、电动汽车及燃料电池汽车。混合动力汽车的常规保养与传统汽车类似。下面以北汽 E160 纯电动汽车为例说明日常保养的流程。

1) 开启前机舱盖

将车辆停好,施加驻车制动,从驾驶员侧脚部饰板拉动图 2-16 所示前机舱盖开启手柄,此时前机舱盖主锁打开,前机舱盖将向上轻微弹起。前舱盖打开后的布置图及各部分名称如图 2-17 所示。

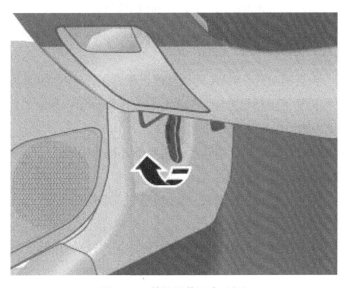

图 2-16 前机舱盖开启手柄

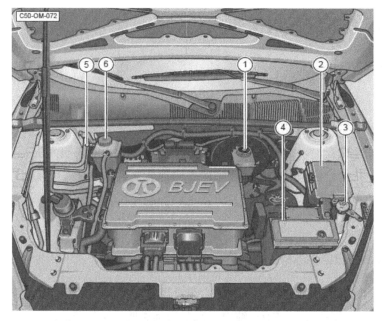

图 2-17 前机舱布置图

1—制动液储液罐；2—保险丝盒(位于盖板下面)；3—风窗玻璃清洗液储液罐；4—蓄电池；
5—空调制冷剂加注口；6—冷却液膨胀罐

2) 冷却液液位检查

待电机冷却后检查冷却液液位。MAX 为冷却液上限标记；MIN 为冷却液下限标记。冷却液液位应位于上限标记和下限标记之间。如液位偏低，须添加冷却液。

3) 制动液液位检查

待电机冷却后，检查制动液。MAX 为制动液上限标记；MIN 为制动液下限标记。制动液液位应位于上限标记和下限标记之间。如液位低于下限标记，须添加制动液。

4) DC-DC(PEU)输出电压检测

(1) 将车钥匙置于"OFF"挡，断开所有用电器并拔出钥匙。

(2) 打开护盖并裸露出低压蓄电池。

(3) 使用车用万用表电压挡位测量图 2-18 所示低压蓄电池电压，并记录此电压值。

(4) 将车钥匙置于"ON"挡位置。

(5) 使用车用万用表电压挡位测量低压蓄电池的电压，这时所测的电压值是 DC-DC 输出的电压。

(6) DC-DC 正常输出电压为 13.2～13.5V(或 13.5～14V，关闭车上用电设备的情况下)。

项目二 新能源汽车安全使用

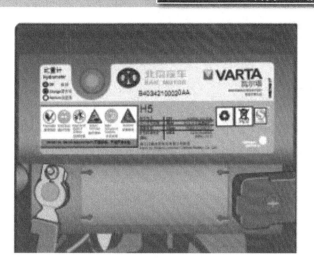

图 2-18 低压蓄电池

四、新能源汽车的定期保养

吉利帝豪 EV450 车主日常保养

1. 驱动电机检查

检查驱动电机安装是否牢靠、紧固螺栓是否松动。

2. 变速器油检查

(1) 将车钥匙置于"OFF"挡并平稳地举升汽车,确认车辆是否处于水平状态,以检查油位。

(2) 拆卸下护板。

(3) 检查变速器是否有漏油痕迹。如有,应修理漏油部位。

(4) 通过加油螺栓可检查变速器油位,即拆下加油螺栓,如变速器油从孔口流出,则说明油位正常。否则,应补加规定变速器油,直到孔口出油为止。

(5) 将车钥匙置于"OFF"挡并平稳地举升汽车。

(6) 拆卸下护板。

(7) 旋出放油螺栓,用一个带有刻度的桶来收集变速器油。

(8) 安装放油螺栓。

3. 变速器油添加

(1) 拆下加油螺栓。

(2) 用变速器油加注器按规定加注变速器油,加注至变速器油从孔口流出,则说明油位正常。

(3) 重新安装上加油螺栓。

(4) 安装下护板。放油螺栓、加油螺栓拧紧力矩：12～18 N·m；变速器油：GB 13895—1992 重负荷车辆齿轮油(GL-4)；牌号：75W/90；加注油量：0.9～1.2 L。

4. 保养周期及项目

所有保养项目，需根据行驶里程/时间进行选择(以先达到者为准)。保养内容是根据汽车正常行驶情况下制定的，对于经常在恶劣条件下使用的车辆，某些保养内容需在两次保养间隔之间提前进行。检查是否加装或改装其他电气设备或机械附件。如果在保养时发现故障，必须排除故障并告知客户，按照表 2-2 所示保养项目进行保养。

表 2-2 保养项目

系统类别	检查内容	处理方法	A 级保养项目	B 级保养项目
动力电池系统	安全防护	检查并视情况处理	√	√
	绝缘	检查并视情况处理	√	√
	插接件状态	检查并视情况处理	√	√
	标识	检查并视情况处理	√	√
	螺栓紧固力矩	检查并视情况处理	√	√
	动力电池热功能检查	检查并视情况处理	√	
	外部检查	清洁处理	√	√
	数据采集	分析并视情况处理	√	√
电机系统	安全防护	检查并视情况处理	√	√
	绝缘检查	检查并视情况处理	√	√
	电机及控制器冷却检查	检查并视情况处理	√	√
	外部检查	清洁处理	√	√
电器电控系统	机舱及各部位低压线束防护与固定	检查并视情况处理	√	√
	机舱及各部分插接件状态	检查并视情况处理	√	√
	机舱及底盘高压线束防护与固定	检查并视情况处理	√	√
	机舱及底盘各高、低压电器固定及插接件连接状态	检查并视情况处理	√	√
	蓄电池	检查电量状态并视情况处理	√	√
	灯光、信号	检查并视情况处理	√	√
	充电口及高压线	检查并视情况处理	√	√
	高压绝缘监测系统	检查并视情况处理	√	
	故障诊断系统报警监测	监测、检查并视情况处理	√	

项目二　新能源汽车安全使用

课后习题

一、填空题

1. 在对电动汽车高压部分线束进行检查时，建议优先排查顺序：_____、_____、空调压缩机、PTC。

2. 目前在电动汽车维护保养中采用的绝缘防护措施有_____、_____、绝缘鞋等。

3. 纯电动汽车的电压一般为_____。

4. 当人体发生电伤时，会出现_____、_____、皮肤金属化、机械性损伤、_____等二次事故。

5. 如果车辆在行驶中机舱电器发生燃烧，主要为_____、_____，通电时打火引燃电线绝缘层及动力电池内部故障起火。

6. 车辆在需要求援时，应首先选择_____，不得盲目自行拖车，以免对车辆造成不可逆损坏。

7. 在高压系统维修时，切断车辆电源(将"启动"按钮置于"OFF"挡)，等待_____。

二、简答题

1. 如果手与手之间、手与脚之间触及220V电压时，流经人体的电流有多大？
2. 在电器系统作业时会有哪些危险？
3. 高压安全的保护方法有哪些？
4. 定期保养的项目有哪些？
5. 夏季保养应该注意哪些事项？
6. 当出现车辆起火时，说明冷静处理起火事故的步骤。
7. 简述高压系统的维修步骤。

项目三　纯电动汽车的基本构造与维修

【学习目标】

熟悉纯电动汽车的典型结构；掌握比亚迪等常见纯电动汽车的基本构造、各主要功能模块的功用及特点；了解各高压模块的位置及其功能。

【能力要求】

熟悉常见品牌纯电动汽车的基本构造；掌握电动汽车的特点及一般维修方法。

任务一 纯电动汽车典型结构认知

一、纯电动汽车的基本结构

1. 纯电动汽车的"三电"技术

纯电动汽车与传统燃油车相比,没有发动机、变速箱和油箱。一般转换成"三电"技术,即图3-1所示的纯电动汽车的电池、电动机及电控系统。

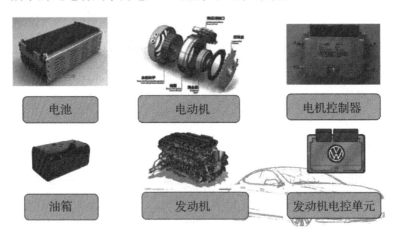

图3-1 纯电动汽车的电池、电动机及电控单元

储能装置从油箱变成了动力电池包,动力装置从发动机变成了电动机,电控单元对应功能也发生了改变。

传统燃油车动力的传输过程由发动机消耗燃油转换为车轮前进的动力,纯电动汽车由电动机消耗动力电池的电能转换为车轮前进的动能。

纯电动汽车驱动系统主要由中央电子控制器、驱动电动机、电动机逆变器、各种传感器(加速踏板位置传感器、制动踏板开关、转向盘转角传感器等)、机械传动装置(变速器和差速器)和车轮等组成。

根据从制动踏板和加速踏板输入的信号,电子控制器发出相应的控制指令来控制功率转换器功率装置的通断,功率转换器的功能是调节电机和电源之间的功率流。当电动汽车制动时,再生制动的动能被电源吸收,此时功率流的方向是反向。能量管理系统和电控系统一起控制再生制动及其能量的回收,能量管理系统和充电机一同控制充电并监测电源的使用情况。辅助动力供给系统供给电动汽车辅助系统不同等级的电压并提供必要的动力,它主要给动力转向、空调、制动及其他辅助装置提供动力。

2. 纯电动汽车的主要功能模块

目前，纯电动汽车一般由电机控制器、高压控制盒、DC-DC 转换器、动力电池等功能模块组成。例如，北汽 E160 纯电动汽车的主要功能模块如图 3-2 所示。

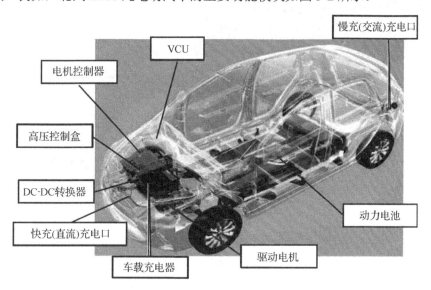

图 3-2　北汽 E160 纯电动汽车的主要功能模块

(1) 电机控制器：把高压直流电逆变为三相交流电，控制电机的运转。

(2) 高压控制盒：又叫高压配电盒，负责控制高压回路的通断，主要由大电流继电器组成。

(3) DC-DC 转换器：把高压直流电转换为 14V 的低压直流电，给全车低压设备供电，同时给低压蓄电池充电。功能等同于传统燃油车的发电机。

(4) 车载充电器：把交流充电口进来的交流电转换为高压直流电，负责对动力电池进行充电。

(5) 快充充电口：对纯电动车进行直流充电，充电电流大，充电速度快，需要专门的直流充电桩。

(6) 慢充充电口：对纯电动车进行 220V 或 380V 交流充电，充电电流相对较小，一般电流在 8~64A。充电速度偏慢，需要专门的交流充电桩。

(7) 驱动电机：国内一般普遍采用永磁同步电机，把电能转换为动能，驱动车辆。

(8) 动力电池：车辆的能量来源，一般是多个电芯串/并联构成，输出高压直流电。

(9) VCU：主控单元，不同厂家的纯电动汽车功能差别较大，主要完成一些辅助控制。

不同厂家的纯电动汽车，基本结构是一致的，但以上功能模块可能采用集中式或分散式，在车上的位置布局也不尽相同，实际给人的观感差异较大。例如，比亚迪 E5 车型(见图 3-3)是一款新能源纯电动轿车，零排放、节能环保、动力平稳、低噪声；续航里程 250~

300 km，0～100km/h 加速小于 14 s，最高车速 130 km/h。

图 3-3　比亚迪 E5 车型

比亚迪 E5 车型的基本结构和北汽 E160 一致，把电机控制器、高压控制盒、DC-DC 模块、车载充电器四个功能模块整合在一起(增加了一个漏电传感器)，称为高压电控总成，俗称"四合一"。如图 3-4 所示为比亚迪 E5 前舱高压电控总成。

图 3-4　比亚迪 E5 前舱高压电控总成

3. 高压电控总成的结构与功能

比亚迪 E5 前舱高压电控总成集成了 5 大功能模块，分别为电机控制器、高压配电箱、DC-DC 转换器、车载充电机、漏电传感器等，具体布置方式如图 3-5 所示。

认识 E5 的高压电控系统

高压电控总成的主要功能：

(1) 控制高压交/直流电双向逆变，驱动电机运转，实现充、放电功能(VTOG、车载充电器)。

(2) 实现将高压直流电转换为低压直流电为整车低压电器系统供电(DC-DC)。

(3) 实现整车高压回路配电功能以及高压漏电检测功能(高压配电箱与漏电传感器模块)。

(4) 直流充电升压功能。

(5) CAN 通信、故障处理记录、在线 CAN 烧写以及自检等功能。

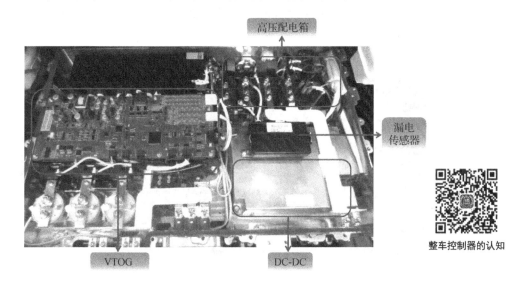

图 3-5　比亚迪 E5 高压电控总成的内部结构

4. 高压电控总成的外部构造

1) 比亚迪 E5 高压电控总成前端接口含义

如图 3-6 所示，高压电控总成前端接口包括交流输入 L2、L3 相，交流输入 N、L1 相、三相交流输出、出水口、直流充电输入等。具体含义为：

(1) 交流输入 L1、N 相，单相交流电充电时的交流电输入端。

(2) 交流输入 L2、L3 相，三相交流电充电时和 L1、N 相构成三相交流电输入端。

(3) 三相交流输出，经过双向交流逆变式电机控制器(VTOG)输出三相交流电驱动电动机。

(4) 出水口，高压电控总成冷却液出水口。

(5) 直流充电输入，直流充电(快充)时的直流电输入的接口。

2) 比亚迪 E5 高压电控总成左侧端接口含义

高压电控总成左侧接口如图 3-7 所示，包括 DC-DC 低压输出、32A 空调保险等，具体含义如下：

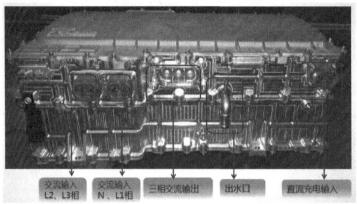

图 3-6　高压电控总成前端接口

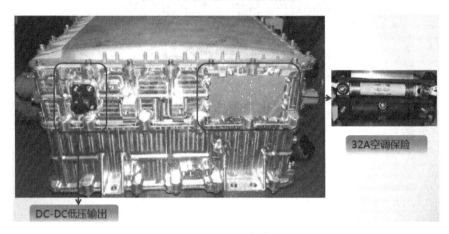

图 3-7　高压电控总成左侧接口

(1) DC-DC 低压输出，输出直流电压 13.8V，给整车低压系统提供电源并给低压蓄电池充电。

(2) 32A 空调保险，给电动压缩机模块和 PTC 水加热模块供电。

3) 比亚迪 E5 高压电控总成后端接口含义

高压电控总成后端接口如图 3-8 所示，包括 33 针(英文 PIN)低压信号接插件、电动压缩机接口、高压输出 PTC 接插件、电池包高压直流输入接口等，具体含义如下：

(1) 33PIN 低压信号接插件，低压信号输入输出接口。

(2) 电动压缩机接口，接电动空调压缩机，提供高压直流电。

(3) 高压输出 PTC 接插件，接 PTC 加热器，提供高压直流电。

(4) 电池包高压直流输入接口，接动力电池正负极母线。

4) 比亚迪 E5 高压电控总成右端接口含义

高压电控总成右侧接口，如图 3-9 所示，包括 64PIN 低压信号接插件、进水口等，具体含义如下。

项目三　纯电动汽车的基本构造与维修

图 3-8　高压电控总成后端接口

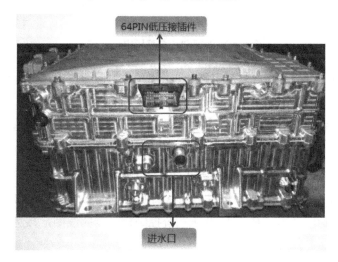

图 3-9　高压电控总成右侧接口

(1) 64PIN 低压信号接插件，低压信号输入输出接口。

(2) 进水口，高压电控总成冷却液进水口。

二、比亚迪 E5 高压回路组成与作用

1. 比亚迪 E5 高压回路

比亚迪 E5 高压电气系统如图 3-10 所示，包括动力电池、高压电控总成、永磁同步电机、空调电动压缩机、空调 PTC 水加热器、交流充电口、直流充电口及 BMS 电池管理器。车辆启动时，动力电池提供 633V 高压直流电，经高压电控总成分配到永磁同步电机、空调电动压缩机、空调 PTC 水加热器。充电时，交、直流电分别经过交、直流充电口到高压电控总成，完成转换后对动力电池进行充电。高压电气系统工作的全过程由 BMS 电池管理系统监控。

39

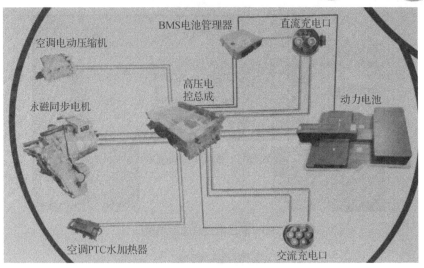

图 3-10 比亚迪 E5 高压电气系统

图 3-11 所示比亚迪 E5 高压系统电路原理图中,动力电池包内部有 4 个接触器,分别是:1—正极接触器,2—分压接触器 1,3—分压接触器 2,4—负极接触器。高压电控总成内部有 5 个接触器,分别是:5—直流充电正极接触器,6—直流充电负极接触器,7—主接触器,8—交流充电接触器和 9—预充接触器。高压电路工作状态取决于这些接触器的工作状态,全部接触器的线圈额定工作电压都是直流 12V,由 BMS 电池管理系统控制其线圈通电或断电。接触器的触点串联在高压回路中,由触点的通断来控制高压回路的通断。整个高压系统通过低压系统控制,其本质是 12V 低压系统控制接触器的线圈,接触器的触点通断控制几百伏的高压系统。

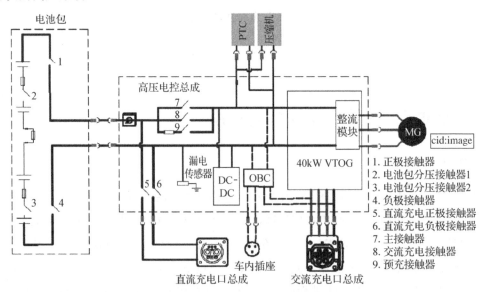

图 3-11 比亚迪 E5 高压系统电路原理图

2. 比亚迪 E5 高压回路工作过程

纯电动汽车行驶的动力来源于高压电。车辆如果无法上高压电，就相当于传统汽车发动机没有启动，车辆无法行驶。对车辆充电时，就是对动力电池包充电，因此不管是车辆正常启动行驶还是对车辆进行充电，都需要高压电路正常工作。

车辆启动，上高压电时，电池包内正极接触器、分压接触器 1 和分压接触器 2 先吸合，然后再吸合预充接触器，最后吸合负极接触器。完成预充后，主接触器吸合，预充接触器断开，整个高压上电过程结束。高压下电时，BMS 先断开主接触器，然后断开负极接触器，最后断开电池包内部正极接触器和两个分压接触器，整个下电过程结束。

上高压电和交流充电时，首先需要完成预充电。电路原理图 3-11 中，预充接触器串联了预充电阻。高压电路接通时，先吸合预充接触器，预充电阻作用是限流，防止在高压电路接通的瞬间，电流过大使接触器触点烧结及损坏其他电路器件。在预充完成后(高压电容两端的电压会接近于动力电池两端的电压)，主接触器吸合，然后预充接触器断开。在充电时，也需要完成预充，先吸合预充接触器，预充完成后，再吸合交流充电接触器，断开预充接触器，预充接触器和主接触器、交流充电接触器都是并联的，只在高压电路接通时短时工作。

比亚迪 E5 主接触器采用的是图 3-12(a)所示的 Panasonic AEV17012，触点额定工作电流为 200 A，开关电压为 400 V，线圈电压为 12 V，线圈额定电流为 500 mA。交流充电接触器采用图 3-12(b)所示的 Panasonic AEV14012，触点额定工作电流为 120 A，开关电压为 400 V，线圈电压为 12 V，线圈额定电流为 353 mA。

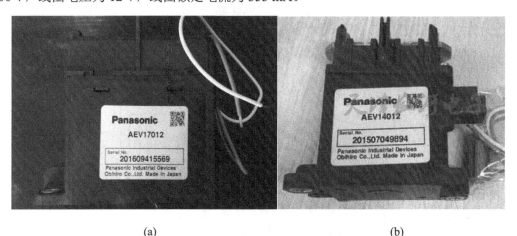

(a)   (b)

图 3-12 主接触器和交流充电接触器

3. 比亚迪 E5 车辆上电简明流程

(1) 电池管理器采集到"制动踏板+启动按钮"命令后，吸合 IG1 继电器发送"启动开

新能源汽车构造与维修维护

始"命令报文通过网关到其他控制模块。

(2) 正极接触器和分压接触器吸合。

(3) 电池管理器自检电池情况，如是否漏电、亏电等。

(4) 吸合预充接触器。

(5) 检验通过后吸合负极接触器(上电检负)。

(6) 高压系统检测预充是否充满。

(7) "预充满"后，吸合主接触器。

(8) 断开预充接触器。

(9) 完成上电过程，"OK"灯点亮，电池组供电。

三、E5 高压电控总成的内部构造及主要功能

高压电控系统总成结构

1. 高压电控总成的内部构造

图 3-13 所示比亚迪 E5 高压电控总成的内部构造比较复杂，包括负极霍尔电流传感器、大容量薄膜电容、VTOG 高压电控主板、三相交流输出霍尔电流传感器、IGBT 模块、VTOG 电源电路板、DC-DC 转换器、功率电阻、正极霍尔电流传感器、主接触器、交流充电接触器、直流充电正极接触器、直流充电负极接触器、预充接触器、预充电阻、漏电传感器、空调电动压缩机和电加热 32A 保险丝等。具体含义如下。

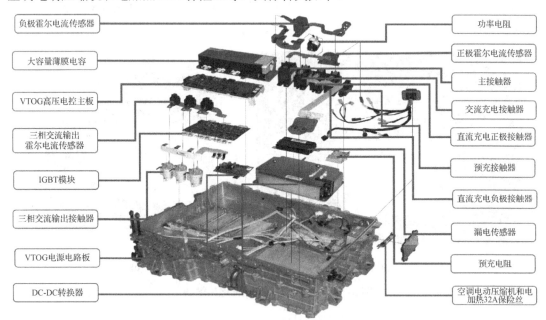

图 3-13　比亚迪 E5 高压电控总成内部构造

(1) 负极霍尔电流传感器：作用是检测动力电池负极流过的电流。

(2) 大容量薄膜电容：上高压电时充电，下高压电后放电，在高压回路中起蓄电、稳压作用，能减少高压回路中电压的波动带来的影响。

(3) VTOG 高压电控主板：驱动电机的控制主板。

(4) 三相交流输出霍尔电流传感器：逆变后的三相交流电输出给动力电机，检测三相电路中每相的电流。

(5) IGBT 模块：大功率器件，完成直流逆变三相交流的功率输出。

(6) VTOG 电源电路板：对 VTOG 高压电控主板供电。

(7) DC-DC 转换器：高压直流转换为低压直流。

(8) 功率电阻：串联在高压电容泄放回路中，消耗电容中的电能。

(9) 正极霍尔电流传感器：检测动力电池正极流过的电流，和负极霍尔电流传感器一起监控流过动力电池的总电流，作为计算电池电量 SOC 的重要参数。

(10) 主接触器：上高压电后，主接触器接通高压回路，纯电动汽车 READY 灯(比亚迪是"OK"灯)点亮，车子在正常行驶过程中，主接触器触点都是闭合的。

(11) 交流充电接触器：在交流充电时，该接触器触点闭合，接通高压回路。交流充电时，车载充电器工作，把交流转换为直流。

(12) 直流充电正极接触器、直流充电负极接触器：在直流(快充)充电时，这两个接触器的触点闭合，从外部引入高压直流电，对动力电池进行充电。直流充电时不需要车载充电器工作。

(13) 预充接触器：在主接触器或交流充电接触器工作时，如果直接接通高压回路，对高压电容充电，在这一瞬间，高压电容相当于是短路，瞬间电流非常大(可达上千安培)，容易损坏高压回路中的器件，为了避免这种情况，上电和充电前都需要完成预充，预充接触器的触点串联了预充电阻，预充接触器触点闭合时，预充电阻限制了高压回路中的电流，对高压电容进行充电，高压电容充电接近完成时，预充接触器触点断开，预充完成。

(14) 预充电阻：预充时，起限流作用。

(15) 漏电传感器：实时监控高压回路对地绝缘电阻，检测到漏电，高压回路立刻被断开，起安全保护作用。

(16) 空调电动压缩机和电加热 32A 保险丝：对电动空调系统起短路保护。

(17) 三相交流输出接触器：控制逆变后的三相交流电对外输出。

2. 高压电控总成内部主要功能模块

图 3-14 所示为比亚迪 E5 高压电控总成内部高压配电模块，包括铜排连接片、接触器、霍尔电流传感器、预充电阻、动力电池包正负极输入等；接触器由电池管理器 BMS 控制，控制充放电。

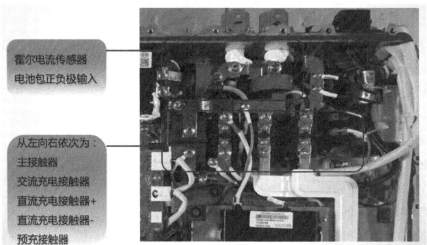

图 3-14　比亚迪 E5 高压电控总成内部高压配电模块

图 3-15 所示双向交流逆变式电机控制器(VTOG)的主要功能为驱动控制、充电控制,具体如下。

图 3-15　双向交流逆变式电机控制器

(1) 驱动控制(放电):采集油门、制动、挡位、旋变信号等控制电机正向、反向驱动,正、反转发电功能;具有高压输出电压和电流控制限制功能;具有电压跌落、过流、过温、IPM 过温、IGBT 过温保护,功率限制,扭矩控制限制等功能。同时具备电控系统防盗,能量回馈控制,主动泄放、被动泄放控制功能。

(2) 充电控制:交、直流转换,双向充、放电控制功能;自动识别单相、三相相序并根据充电电流控制充电方式，根据充电设备识别充电功率，控制充电方式；根据车辆或其他设备请求信号控制车辆对外放电；断电重启功能；在电网断电又供电的时候，可继续充电。

漏电传感器(见图3-16)含有CAN通信功能，主要监测动力电池正极和负极与车身底盘之间的绝缘电阻来判定高压系统是否存在漏电。漏电传感器将漏电数据信息通过CAN信号发送给电池管理器、VTOG，采取相应保护措施。

图3-16 漏电传感器

四、E5电力驱动系统

电力驱动系统是电动汽车的心脏部分，也是区别于内燃机汽车的最大不同点。其主要任务是在驾驶员的控制下，高效地将蓄电池的能量转化成车轮的动能，或者制动时将车轮的动能反馈到蓄电池中。

电力驱动系统(见图3-17)主要由中央电子控制器、驱动电动机、电动机逆变器、各种传感器(加速踏板位置传感器、制动踏板开关、转向盘转角传感器等)、机械传动装置(变速器和差速器)和车轮等组成。

电力驱动控制系统工作原理：电力驱动控制系统以驾驶人的操作(主要是加速踏板位置的操作)为输入，经过驱动系统电子控制器的变换后，输出转矩给定值提供给电动机逆变器，电动机逆变器控制驱动电动机的输出转矩，从而使电动汽车以驾驶人预期的状态行驶。若电子控制器同时收到制动和加速信号，则以制动信号优先。其中，最关键的是电动机逆变器，电动机逆变器的主要功能是调节动力电动机和动力电池之间的电流频率和幅值，使其达到匹配,将动力电池的直流电逆变成交流电提供给驱动电动机,将电能转换成机械能,电动机输出的转矩经传动系统驱动车轮,使电动汽车行驶。

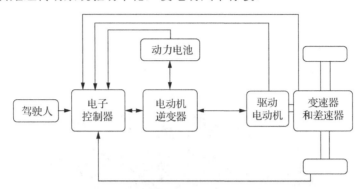

图 3-17 电力驱动系统

国内纯电动汽车的驱动电机一般采用永磁同步电机,永磁同步电机与传统的同步电机一样,转子采用径向永久磁铁做成的磁极。与绕线式同步电机类似,永磁同步电机的转子与旋转磁场同步,旋转磁场的转速取决于电源频率,与多相交流电机的同步电机和感应电机类似,永磁同步电机可以产生理想的恒转矩,也称平稳转矩。

永磁电机因应用永久磁铁,所以不用励磁,从而省去了励磁功率。永磁同步电机同步运转时,转子既无能耗,也无铁耗,因而效率提高,耗损降低,无功功率很小,其功率因素达到 0.95 以上。主要特点如下:

(1) 高效节能、功率因数高。一般效率达到 95%以上,功率因素为 0.95~0.99,接近于 1,系统综合节能明显,被广泛应用于纯电动汽车。

(2) 效率曲线平直。永磁同步电机的效率曲线好,负载在 1/4 时,效率仍能达到 92%以上。

(3) 结构简单,便于维护。与一般异步电动机相同,主要由定子、转子(即机壳)构成,无集电环电刷,结构简单、寿命长、维护方便。

(4) 调速精度高。永磁同步电机的转速完全与频率同步,不受电源电压和负载变化的影响。在任何情况下,永磁同步电机的转速与同步转速的误差都不大于 0.25 r/min,如果误差超过 0.5 r/min,就进入失步状态。

1. 比亚迪 E5 的永磁同步电动机

比亚迪 E5 的动力总成,位于前舱,在高压电控总成的下方。包括驱动电机、变速器及车速传感器等,可将电机控制器逆变出的交流电能转换为机械能从而驱动车辆,也可在车辆刹车时将车辆的动能转换为电能,回馈给车辆,是车辆动力的核心,也可实现车辆动力系统的锁止。使用的电机为交流无刷永磁同步电机,通过采集电机旋变信号进行工作,当车辆行驶时,电机通过旋转变压器检测到电机的位置,位置信号通过控制器的处理,发送相关信号给控制器 IGBT，逻辑信号控制 IGBT 通断，控制器输出近似正弦波交流电。电机结构：转子、定子、旋转变压器、温度传感器、水冷系统。作用：驱动车辆前进后退，在滑行、制动过程中将动能转化为电能。特点：高密度、小型轻量化、高效率；高可靠性、高耐久性、强适应性。比亚迪 E5 的永磁同步电动机参数如表 3-1 所示。

表 3-1 比亚迪 E5 的永磁同步电动机参数

电动机最大输出扭矩：310 N·m/(0～4929 rpm)/30 s	电动机额定扭矩：160 N·m/(0～4775 rpm)/持续
电动机最大输入功率：160 kW/(4929～12000 rpm)/30 s	电动机额定功率：80 kW/(4775～12000 rpm)/持续
电动机最大输出转速(包括驱动最高输入转速和随动最高输入转速)：12000 rpm	电机重量：65 kg
电机散热方式：水冷	电机轴中心与差速器中心的距离：239 mm
螺纹胶型号：赛特 242	密封胶型号：耐油硅酮密封胶 M-1213 型
变速箱润滑油量：1.8 L	变速箱润滑油类型：齿轮油 SAE80W-90 (冬季环境温度低于-15℃地区推荐换用 SAE75W-90)

永磁同步电机的结构组成，主要有转子、定子、旋转变压器、壳体等，如图 3-18 所示。

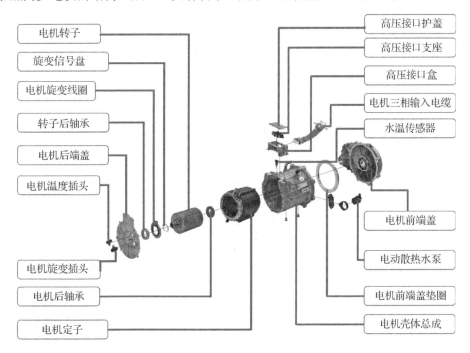

图 3-18 永磁同步电机的结构

纯电动汽车的驱动电机都有一个拓印号，作用等同于发动机号，如图 3-19 所示。

图 3-19　电机拓印号

比亚迪 E5 三相动力线束及接线座(图 3-20)中，接线座触点应保持可靠的连接，否则在行车过程中，因震动会使触点松动，引起接触电阻变大。长时间运行后会过热，从而烧坏触点，使驱动电机无法正常工作。电机 A、B、C 三相绕组与相绕组之间的阻值小于 1 Ω，并且分别与电机壳体绝缘。

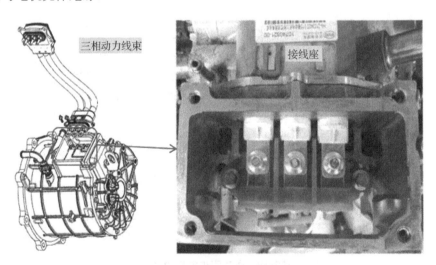

图 3-20　比亚迪 E5 三相动力线束及接线座

电机内部的温度传感器(见图 3-21)，负责监控电机线圈的温度，防止温度过高损坏电机线圈，同时温度过高会使永磁材料的磁性减弱，降低电机的运行效率。

项目三 纯电动汽车的基本构造与维修

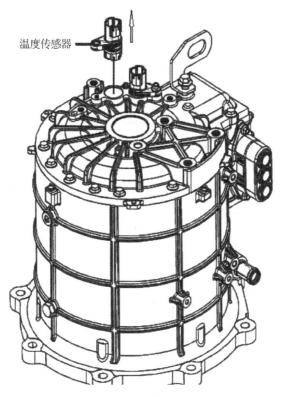

图3-21 电机内部温度传感器

温度传感器(见图3-22)用来检测电机的绕组温度，电机控制器可以保护电机避免过热。当控制器检测到驱动电机温度传感器显示120℃≤温度<140℃降功率运行；温度≥140℃时，降功率至0，即停机。不同厂家的温度控制区间会略有不同。

图3-22 温度传感器

当控制器检测到驱动电机温度传感器显示 45℃≤温度<50℃时,冷却风扇低速运转;温度≥50℃时,冷却风扇高速运转;温度降至 40℃时,冷却风扇停止工作。

2. 旋转变压器

旋转变压器(resolver/transformer)是一种电磁式传感器,又称同步分解器。它是一种测量角度用的小型交流电动机,用来测量旋转物体的转轴角位移和角速度,由定子和转子组成。其中,定子绕组作为变压器的原边,接受励磁电压,励磁频率通常用 400Hz、3000Hz 及 5000Hz 等。转子绕组作为变压器的副边,通过电磁耦合得到感应电压。

旋转变压器的工作原理如图 3-23 所示,和普通变压器基本相似,区别在于普通变压器的原边、副边绕组是相对固定的,所以输出电压和输入电压之比是常数。旋转变压器的原边、副边绕组则随转子的角位移发生相对位置的改变,因而其输出电压的大小随转子角位移而发生变化。输出绕组的电压幅值与转子转角呈正弦、余弦函数关系,或保持某一比例关系,或在一定转角范围内与转角呈线性关系。旋转变压器在同步随动系统及数字随动系统中可用于传递转角或电信号;在解算装置中可作为函数的解算之用,故也称为解算器。

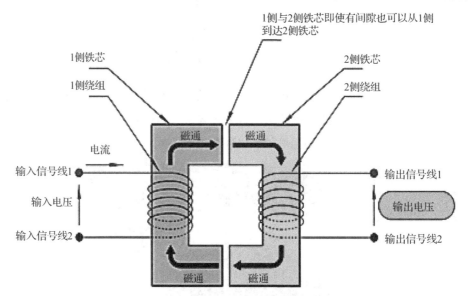

图 3-23 旋转变压器的工作原理

比亚迪 E5 使用的是正余弦旋转变压器,其工作示意图如图 3-24 所示。在定子槽中布置 R_1、R_2 定子励磁绕组。在转子槽中布置有两个空间互为 90°的结构完全相同的绕组,一个是 S1、S3 正弦输出绕组,一个是 S2、S4 余弦输出绕组。当励磁绕组以一定频率的交流电压励磁时,输出绕组的电压幅值与转子转角呈正弦、余弦函数关系。图 3-25 所示为比亚迪 E5 驱动电机旋变安装位置图,图 3-26 所示为旋变接插件位置图。

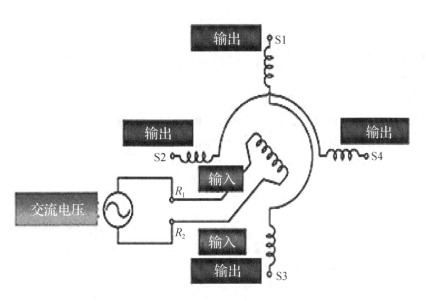

图 3-24　正余弦旋转变压器工作示意图

图 3-25　比亚迪 E5 驱动电机旋变安装位置

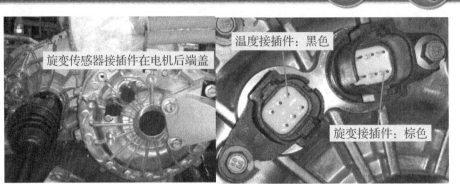

图 3-26 旋变接插件位置图

当旋变接插件处出现问题时,需要对旋变接插件进行拆卸维修。在拆分过程中,要注意对所有零部件进行保护,防止零部件发生意外损坏。用扳手拆卸下 M6×10 六角固定螺栓;取出旋变接插件,使用斜口钳将旋变接插件中间部分取下;新旋变接插件连接旋变引线端插件,并在旋变接插件装配面涂上一层润滑油,同时在箱体配合孔也需涂上一层润滑油。再将旋变接插件插入后箱体配合孔内。最后装上 M6×10 六角头螺栓,扭力为 12 N·m。

利用比亚迪 E5 电机旋变接口图(见图 3-27)进行检修,1 脚和 4 脚之间励磁绕组阻值为 8 Ω,2 脚和 5 脚之间正弦绕组阻值为 16 Ω,3 脚和 6 脚之间余弦绕组阻值为 16 Ω。任一绕组断路,电机控制器将无法获取电机的位置,整车启动后,仪表盘"OK"灯点亮并马上熄灭,无法挂挡,车辆无法行走,解码仪读到故障码 P1B0100,报旋变故障。

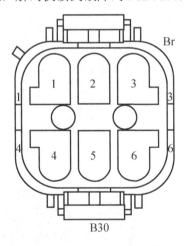

图 3-27 比亚迪 E5 电机旋变接口图

五、比亚迪 E5 充电系统构造

充电系统为电动汽车运行提供能量补给,是电动汽车的重要基础支撑系统,也是电动汽车商业化、产业化过程中的重要环节。充电系统的组成有直流充电口、交流充电口、车载充电机、高压控制盒、动力电池及高压电缆等，如图 3-28 所示。共有两条充电路径：直流充电(快充)和交流充电(慢充)。

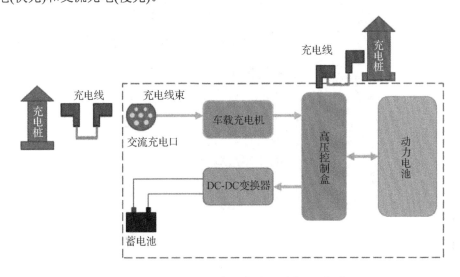

图 3-28　纯电动汽车充电控制系统设计架构

1. 交流充电(慢充)

交流充电又称常规充电、车载充电，就是采用随车配备的便携式充电设备进行充电，可使用家用电源或专用的充电桩电源。交流慢充桩主要有桩体式和壁挂式，如图 3-29 所示。也有其他的安装方式，有室内的，也有室外的，室外的充电桩防护等级比较高，但是原理与室内充电桩相同，为车载充电机提供交流 220V 或 380V 电压。

电缆装置中含有符合国标要求的 CC 电阻值，供电装置中包含控制引导模块，可以根据连接状态输出 CP 信号。充电电流较小，一般为 8~64A，因此视电池组容量大小充电时间为 5 至 8 小时。

常规充电模式的缺点非常明显，充电时间较长，但其对充电的要求并不高，充电器和安装成本较低；可充分利用电力低谷时段进行充电，降低充电成本；更为重要的优点是，可对电池深度充电，提升电池充放电效率，延长电池寿命。

2. 直流充电(快充)

直流充电即快速充电，又称地面充电，是能快速充满电的充电方法。通过非车载充电机采用大电流给电池直接充电，使电池在短时间内可充至 80%左右的电量，因此也称为应急充电。快速充电模式的电压和电流一般在 400V/125A、750V/250 A，充电功率大于 50 kW。直流充电桩(见图 3-30)功率大，输出电流和电压变化范围宽。

图 3-29 交流充电桩停车位桩体式和壁挂式

直流充电采用脉冲快速充电,充电速度非常高,脉冲快速充电的最大优点为充电时间大为缩短;且可适当增加电池容量,提高启动性能。但是脉冲充电电流较大,充电设备安装要求和成本非常高,并且快速充电的电流电压较高,短时间内对电池的冲击较大,容易令电池的活性物质脱落和电池发热,因此对电池保护散热方面要求更高。长期快速充电会对电池的使用寿命有所影响。

图 3-30 直流充电桩

3. 比亚迪 E5 充电装置

充电前,将电源挡位退至"OFF"挡,打开充电口舱门、充电口保护盖,如图 3-31 所示。

项目三 纯电动汽车的基本构造与维修

图 3-31 比亚迪 E5 充电口舱门

检查确保充电装置没有壳体破裂、电缆磨损、插头生锈或有异物等异常情况。充电设备必须接地良好，如果充电设备出现故障或者损坏时，接地线可提供最小阻抗电路放电从而减小触电风险。连接充电枪，正常充电时，充电连接指示灯(见图 3-32)亮并显示当前充电信息。当达到设置充电结束条件，或充满电时，交流充电桩或车辆会自动结束充电。

图 3-32 充电连接指示灯

充电时，前舱的高压电控模块处于工作状态，高压电路工作，相应的继电器会吸合，发出"咔嗒"声。此时可以正常使用空调，但是为保证充电功率，不建议使用。图 3-33 为正常充电屏幕信息、充电结束提醒。充电结束，拔下车辆插头后，请确保充电口保护盖和充电口舱门处于关闭状态。因为水或外来物质可能会进入充电口端口，影响正常使用。如果充电口舱门因天气等原因导致冻住，可以使用热水或不高于 100℃的加热装置将冰融化后再开启充电口舱门，强行打开会损坏充电口。当电池温度高于 65℃或低于-20℃时，车辆将不能正常充电。

4. 充电口标准

1) 交流充电标准接口

交流充电的额定工作电压：250V/440V AC；额定工作电流：16A 或 32A 或 63A；绝缘电阻：>1000 兆欧，要求耐压为 2000V；接触电阻：<0.5 毫欧。

图 3-33　正常充电屏幕信息、充电结束提醒

交流充电国标接口(见图 3-34)中有 CC、CP、L1、L2、L3、PE、N 7 个插头端子，各端子的功能定义为：L1(L)—单相交流电源；L2(NC1)、L3(NC2)—三相交流电源备用；N—中性线；PE—供电设备地/车辆车架地；CP—控制确认；CC—连接确认。交流充电插座连接界面示意图(见图 3-35)显示了供电插头和受电插座之间的连接关系。插头插座插入时端子连接顺序：充电设备地与车辆车架地→交流电源→连接、控制确认。插头插座分离时顺序相反。

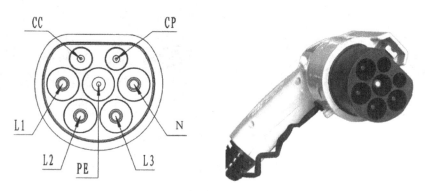

图 3-34　交流充电国标接口

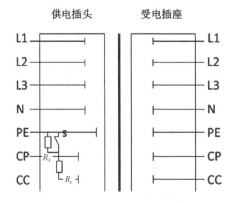

图 3-35　交流充电插座连接界面示意图

充电枪的 CC 端和 PE 端之间连接有电阻，车轮通过检测该电阻判断电枪是否连接。充电枪 CC 和 PE 之间阻值(见图 3-36)，根据额定电流进行选择。额定电流 16A 的充电枪(3.3 kW)，阻值 680Ω；额定电流 32A 的充电枪(7 kW)，阻值 220 Ω。在充电枪不通电的情况下使用万用表测量。在充电口的 CC 和 PE 之间输出一个+5V 电压，检测电阻，如在充电口能够检测到该电阻，车辆就认为充电枪已插入充电口，充电指示灯被点亮。

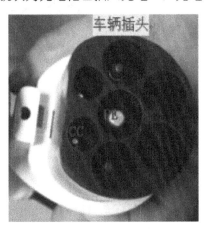

3.3kW 及以下充电盒	680Ω
7kW 充电盒	220Ω
40kW 充电盒	100Ω

图 3-36　充电枪 CC 和 PE 之间的阻值

2) 直流充电标准接口

直流充电的额定工作电压：DC 400/750V；额定工作电流：125A、250A；要求耐压：AC 3200V；绝缘电阻：>2000 兆欧；接触电阻：<0.5 毫欧。

直流充电国标接口(见图 3-37)中，有 DC+、DC-、PE、S+、S-、CC1、CC2、A+、A- 9 个端子，各插头插座端子功能定义如下：

(1) DC+——直流充电电源正，连接至汽车电池正极。

(2) DC-——直流充电电源负，连接至汽车电池负极。

(3) PE——保护接地，连接充电设备与车辆底盘地线。

(4) S+——充电通信 CAN_H，充电桩与电动汽车的通信连线。

(5) S-——充电通信 CAN_L，充电桩与电动汽车的通信连线。

(6) CC1——充电连接确认 1，充电桩上显示。

(7) CC2——充电连接确认 2，充电车辆上显示。

(8) A+——低压辅助电源正，由充电桩为充电车辆提供的低压辅助电源。

(9) A-——低压辅助电源负，由充电桩为充电车辆提供的低压辅助电源。

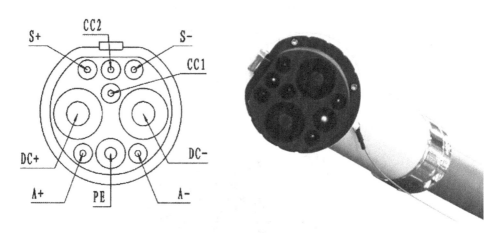

图 3-37 直流充电国标接口

直流充电插座连接界面示意图(见图 3-38)显示了充电插头和车辆插座之间的连接关系。充电插头与车辆充电插座在接插过程中触头耦合的顺序为：保护接地、充电连接确认(CC2)→直流正负充电电源→低压正负辅助电源→充电通信、充电连接确认(CC1)。在充电插头与车辆充电插座脱开过程中触头断开的顺序则相反。其中，充电口 CC1 和 PE 之间的阻值为 1kΩ，充电枪 CC2 和 PE 之间的阻值为 1kΩ。

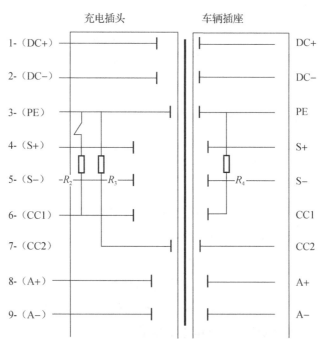

图 3-38 直流充电插座连接界面示意图

项目三　纯电动汽车的基本构造与维修

六、比亚迪 E5 高压互锁构造与检修

比亚迪 E5 纯电动汽车高压互锁电路及检测

普通燃油汽车车内只有 12V 电压，维修时不存在触电危险。纯电动汽车和混合动力汽车车内有几百伏的高压电，为了防止没经过专门培训的人员去维修此类车，只要去拆卸高压组件，动力电池输出的高压电就立刻被切断，是一种有效的安全防护措施。

1. 高压互锁电路组成

高压互锁电路本质上是一条低压回路，它贯穿在高压回路中，作用是监控高压回路。在比亚迪 E5 的高压互锁回路中，低压信号从电池管理器 BMC01-1 脚输出到 PTC-1 脚，再到 PTC-2 脚—高压电控总成 22 脚—高压电控总成 23 脚—动力电池包 14 脚—动力电池包 9 脚，最后回到 BMC02-7 脚，如图 3-39 所示。

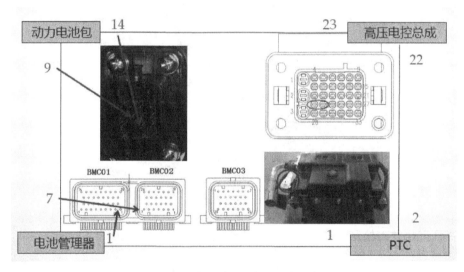

图 3-39　比亚迪 E5 高压互锁回路

2. 高压互锁工作原理

车内橙色的线缆和插接件都是走的高压电，如图 3-40 所示，橙色插头中间的两根针内部短接在一起，是高压互锁回路的一部分。当拔下一个橙色的插头，互锁电路就被断开了，这时电池管理器 BMC02-7 脚收不到信号，电池管理器就发出指令，切断了动力电池包对外输出的高压电。

3. 高压互锁故障现象

仪表盘高压动力系统故障报警灯被点亮，文字提示请检查动力系统，仪表盘"OK"灯

不亮,即没有高压电,换挡杆只能在"P"挡和"N"挡之间切换,无法挂入"D"挡和"R"挡,这时车辆无法行走。

图 3-40　高压线束接口

4. 高压互锁故障检测

先准备好个人安全防护用品、万用表、解码仪。设置好隔离栏和警示牌,打开前舱盖,铺好翼子板护围,连接好解码仪。打开道通 908 解码仪进入诊断界面。然后车型选择比亚迪 E5,进入动力模块下电池管理系统模块,先清除一下故障码,再读取故障码。解码仪报高压互锁故障,再读取数据流,显示高压互锁锁止。

断开 BMC01 口和 BMC02 口,用万用表检测 01 口 1 脚和 02 口 7 脚之间的电阻,阻值应为无穷大,确认高压互锁电路断路。高压互锁回路是一条串联的电路,可以用万用表分段测量,确定故障点。比亚迪 E5 PTC 加热器上提供了供检修用的高压互锁开关,如图 3-41 所示。可以利用这个互锁开关,采用排除法测量。例如,先测量 BMC01 口 1 脚和 PTC1 脚之间的电阻,假设阻值为 0,说明这段电路是通的;再测量 BMC02 口 7 脚和 PTC2 脚之间的电阻,假设电阻显示为 0,说明这段电路也是通的。故障点就被锁定在 PTC,PTC 内部互锁电路断路导致整条互锁回路断开。

图 3-41　比亚迪 E5 PTC 加热器供检修用的高压互锁开关

纯电动汽车的高压互锁回路对检修车辆至关重要。维修人员必须深入理解，在维修高压组件的过程中，只要插拔高压线束或打开某个高压组件，互锁回路就会断开，并带来相应的故障现象和故障码，其他车型会采用多条互锁回路，在维修前必须查阅对应技术资料。高压互锁回路不是高压电路，是低压电路，但贯穿于高压回路中，监控着高压系统，起着安全防护的作用，它是学习纯电动汽车和混合动力汽车高压系统检修的必备基础。

七、比亚迪 E5 启动性铁电池

比亚迪 E5 车上采用的 12 伏低压电池是磷酸铁锂电池，内置控制器，区别于其他电动汽车的铅酸电池。该电池除了正负极接线柱，还有一个连接铁电池内部控制器(铁电池 BMS)的插接器，如图 3-42 所示。

1 脚和 3 脚为 CANH 和 CANL 通信线，负责内部铁电池 BMS 和整车进行通信。6 脚为唤醒线，由于磷酸铁锂电池长期亏电非常容易损坏，当内部 BMS 检测到电压过低时，将切断对外输出电压，保护内部电池，这时整车进入休眠状态，全车无电，用万用表测量正负极电压为 0 伏，全车所有电器全部处于无电状态；按下左前门的微动开关，使 6 脚接地可以去激活内部控制器，恢复供电。

低压 12 伏铁电池的主要功能如下：

(1) 对于电子控制系统来说，未进入超低功耗情况下，铁电池是电子控制装置的不间断电源。

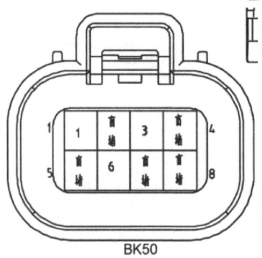

图 3-42 低压铁电池接插件

（2）启动时，铁电池向启动系统单独供电，BMS 控制 MOS 管电路，低压极柱不影响整车电压。

（3）当 DC-DC 降压输出不足时，由铁电池辅助向用电设备供电。

（4）铁电池还可以吸收电路中的瞬时过电压，保持汽车电器系统电压的稳定，保护电子元件。

（5）铁电池故障报警功能。当铁电池故障报警时，仪表上故障指示灯点亮(常亮)，同时显示"请检查低压电池系统"。

（6）智能充电和超低功耗功能。在"OFF""ACC""ON"挡时，当铁电池 BMS 监测到自身 SOC 过低时，控制吸合"OFF"挡充电继电器，同时给动力电池 BMS 发送充电请求信号，动力电池 BMS 接收并检测判定后吸合放电主接触器，发送"放电允许"信号给双向 DC，双向 DC 判断自身无故障后给铁电池进行智能充电。当铁电池 BMS 收到动力电池 BMS "放电不允许"信号时，铁电池 BMS 不再给动力电池 BMS 发充电请求信号，铁电池 BMS 切断低压回路，即断开整车电源，进入超低功耗状态。BMS 切断电源进入超低功耗状态后，只保留电池 SOC 监测功能和驾驶侧车门微动开关监测功能，当检测到开关信号有效后唤醒，恢复供电。

实训项目一　高压部件功能模块认知

一、实训要求

1. 根据比亚迪 E5 实车，指出各高压部件的位置及其功能；
2. 完成项目工单。

二、项目实施

比亚迪 E5 汽车一辆、举升机、安全防护套装。

三、项目工单

1. 填写图 3-43 所示电池管理系统中各部件的作用。

图 3-43　电池管理系统

部件名称	作　用
车载充电器	
高压配电箱	
电池组内部接触	
漏电传感器	
电池信息采集器	

2. 写出图 3-44 中数字标注的名称。

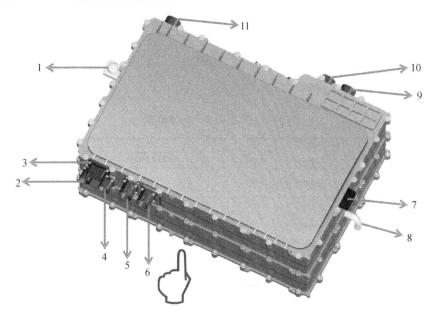

图 3-44　比亚迪 E5 高压电控总成

1. _____
2. _____
3. _____
4. _____
5. _____
6. _____
7. _____
8. _____
9. _____
10. _____
11. _____

3. 把序号填到图 3-45 相应的方框中。

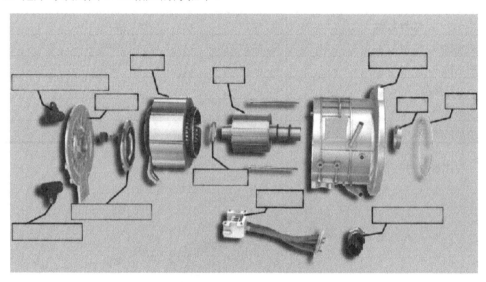

图 3-45 永磁同步电机分解图

序号名称	部件名称
1	温度开关接插件
2	旋变接插件
3	旋变转子
4	旋变定子总成
5	后端盖
6	定子

续表

序号名称	部件名称
7	转子
8	连接器
9	电机壳体
10	轴承
11	卡环
12	水温传感器

任务二　纯电动汽车电池系统故障诊断与排除

【学习目标】　熟悉纯电动汽车动力电池包内部基本的结构；熟悉纯电动汽车电池管理系统的功能。

【能力要求】　能够对比亚迪 E5 动力电池进行拆装；熟练掌握比亚迪 E5 电池管理系统的检测方法。

一、动力电池组成与拆装

动力电池是为电动汽车提供驱动动力的电池，包括传统的铅酸电池、镍氢电池以及锂离子电池。锂离子电池具有能量密度高、大功率充放电能力强等优点，已经逐渐成为电动汽车的首选。根据正极材料的不同，电动汽车上的锂离子电池可分为锰酸锂电池、钴酸锂电池、磷酸铁锂电池和三元锂电池等，目前国际主流动力电池企业主要电池类型基本为磷酸铁锂和三元锂电池。

高压配电模块组成

1. 动力电池系统的组成

比亚迪 E5 纯电动汽车，采用磷酸铁锂电池供电。磷酸铁锂电池的正极材料是磷酸铁锂，负极是石墨，隔膜由聚乙烯(PE)、聚丙烯(PP)材料构成，形成 PP/PE/PP 三层隔膜，其间充满六氟磷酸锂有机电解溶液(电解液对人具有腐蚀性并且可燃)。磷酸铁锂电池的主要优点在于循环使用寿命相对较长、发热量低、热稳定性好、成本较低、安全性好。动力电池布置在整车地板下面，如图 3-46 所示。

动力电池组结构

比亚迪 E5 动力电池由 13 个电池模组串联而成，每个模组内部有单体电池，每个单体电池的标称电压是 3.2 V，共 192 节单体电池，电池总电压可以达到 633.6 V，容量为 75A·h。

动力电池供电，续航里程可达 250～300 km，0～100 km/h 加速小于 14 s，最高车速可以达到 130 km/h。

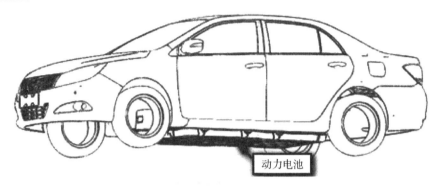

图 3-46　比亚迪 E5 动力电池的位置

动力电池包的内部构造如图 3-47 所示。动力电池组高压正负极，分别由 13 号电池模组的正极和 1 号电池模组的负极引出。电池组高压接口在 1 号电池负极、13 号电池正极。根据 E5 动力电池内部电池模组分布图(见图 3-48)，13 号模组在 1 号的上层，12 号模组在 11 号的上层，6、7、8 号模组分别在 5、4、9 号的上层。内部还有 4 个接触器(正极接触器、负极接触器以及 2 个分压接触器)、2 个熔丝以及动力电池信息采集器 BIC 等。

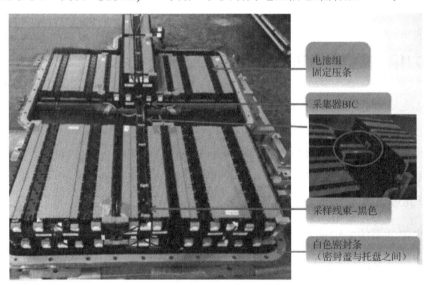

图 3-47　E5 动力电池包的内部构造

E5 采用分布式电池管理系统，由电池管理控制器(BMC)、电池信息采集器、电池采样线组成。电池信息采集器的主要功能是电池温度采样、电压采样、电池均衡和采样线异常检测等。E5 的每个电池模组配有 1 个电池信息采集器 BIC，共有 13 个，动力电池采样线的主要功能是连接电池管理控制器和电池信息采集器，实现二者之间的通信及信息交换。如图 3-49 所示为 E5 动力电池内部信息采集线束。

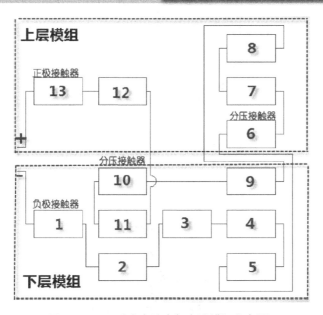

图 3-48 E5 动力电池内部电池模组分布图

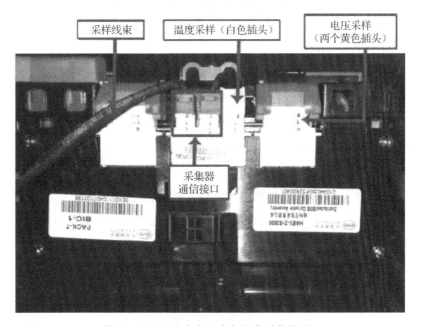

图 3-49 E5 动力电池内部信息采集线束

从图 3-50 可以看出，分压接触器在电池模组内部，无法单独拆卸。只可以通过插头施加电压进行间接判断。6、10 号电池模组内部带分压接触器，其他电池模组不带。第 6、10 号电池模组内部各带有 1 个保险丝，内部还带有 2 个保险丝，起短路保护作用。

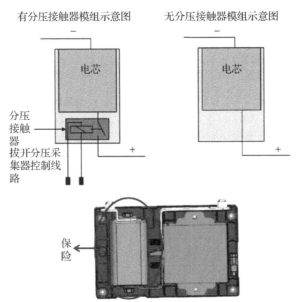

图 3-50　E5 动力电池分压接触器和保险

2. 动力电池的拆装

若确定动力电池有问题需要维修，需在厂家的指导下更换电池，按以下步骤拆卸更换。

(1) 将车辆退电至"OFF"挡，等待 5min。

(2) 用举升机将整车升起到合适的高度。

(3) 使用专用的举升设备(见图 3-51)托着电池包。

(4) 佩戴绝缘手套，拔掉电池包的电池信息采样通信线，然后拔直流母线接插件。

(5) 使用 M18 的套筒卸掉托盘周边紧固件，卸下动力电池包。

(6) 佩戴绝缘手套，用万用表测试更新的动力电池包母线是否有电压输出，没有电压输出就更换装车。

(7) 佩戴绝缘手套，将新的动力电池包放到装电池包的举升设备上。

(8) 佩戴绝缘手套，安装托盘的紧固件，力矩 135 N·m。

(9) 佩戴绝缘手套，连接动力电池包直流母线接插件，然后连接电池信息采样通信线接插件。

(10) 上电，检测动力电池系统问题是否解决，若无问题，更换动力电池结束。

项目三　纯电动汽车的基本构造与维修

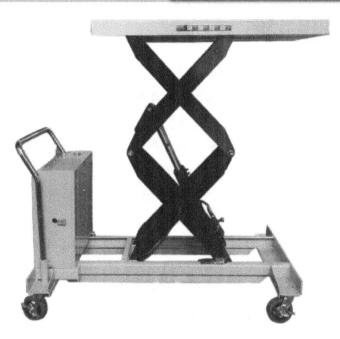

图 3-51　动力电池举升设备

二、比亚迪 E5 电池管理系统

1. 锂电池的种类和特性

锂电池通常有两种外形：圆柱形和方形。电池内部采用螺旋绕制结构，用一种非常精细且渗透性很强的聚乙烯薄膜隔离材料在正、负极间间隔而成。正极采用钴酸锂(或镍钴锰酸锂、锰酸锂、磷酸亚铁锂等)，负极材料多采用石墨。

锂离子电池的充放电过程就是锂离子在正负极材料的嵌入和脱嵌并伴随着能量的吸收和释放的过程。通俗地说，就是锂离子在充放电的过程中通过电解液穿过隔膜不停地在正负两极之间来回搬家，锂离子的质量好坏，就取决于来回搬家的数量，多了少了都不行，控制得好，就可以反复充电而不减少容量，否则就会让电池容量产生永久性的下降，甚至爆炸。锂离子电池的各电芯，在不同批次电芯制造过程中，有可能出现工艺上的问题和材质的不均匀，使得电池极板活性物质的活化程度和厚度、微孔率、连条、隔板等存在很微小的差别，导致内部结构和材质上的不完全一致性。

实际使用中，电池组中各电池的电解液密度、温度和通风条件、自放电程度及充放电过程等差别的影响，造成同一类型、规格的电池在电压、内阻、容量等方面的参数值存在差别，使其在电动汽车上使用时，性能指标往往达不到单体电池的原有水平，严重影响其在电动汽车上的应用。

2. 电池管理系统功能

锂电池单体如果过大，使用过程中容易产生高温，不利于安全，大容量电池必须通过串并联的方式形成电池组。而每个单体电池本身不可能做到性能一致，再加上使用环境的影响，均会造成电池寿命的差别，从而影响整个电池组的寿命和性能。所以锂电池需要电池管理系统(battery management system，BMS)严格控制充放电过程，避免过充、过放，过热。延长电池组的使用寿命，并发挥最大的效能。

电池管理系统(BMS)是对电池进行管理的系统，通常具有量测电池电压的功能，防止或避免电池过放电、过充电、过温等异常状况出现。

电池管理系统与电动汽车的动力电池紧密结合在一起，通过传感器对电池的电压、电流、温度进行实时检测，同时还进行漏电检测、热管理、电池均衡管理、报警提醒，计算剩余容量(SOC)、放电功率，报告电池劣化程度(SOH)和剩余容量(SOC)状态，还根据电池的电压、电流及温度用算法控制最大输出功率以获得最大行驶里程，以及用算法控制充电机进行最佳电流的充电，通过CAN总线接口与车载总控制器、电机控制器、能量控制系统、车载显示系统等进行实时通信。如图3-52所示为E5电池管理系统功能框图，主要功能如下。

1) 充放电管理

当汽车充电时，电池管理器控制高压配电箱内部预充接触器吸合，高压配电箱内部预充接触器吸合后，将车载充电器输出的电能分配给电池组以达到储存电能的功用。当汽车放电时，电池管理器控制高压配电箱内部正极接触器和负极接触器吸合，高压配电箱正极接触器、分压接触器和负极接触器吸合后，将电池组的电能分配给车上的用电模块，以达到放电的功用。

2) 高压配电箱内部接触器控制

电池管理器通过控制高压配电箱内部的接触器吸合和断开，来控制整车高压电的通断。

实际由电池管理器通过输出12V电压控制接触器内部线圈是否得电和断电，以达到控制串联在高压回路中的触点的通断，从而完成低压系统控制高压系统。

3) 电池异常状态报警

信息采集器采集到电池组的异常信息，并把信息发送给电池管理器。电池管理器接收到该信息后，处理该信息，并通过数据总线传递给仪表。此时仪表上的动力电池故障警告灯将会点亮。

4) SOC计算(电池组剩余电量的计算)

信息采集器采集到电池组的剩余电量信息，并把信息发送给电池管理器。电池管理器接收到信息后，处理该信息，并通过数据总线传递给仪表，此时仪表上将会显示剩余电量。

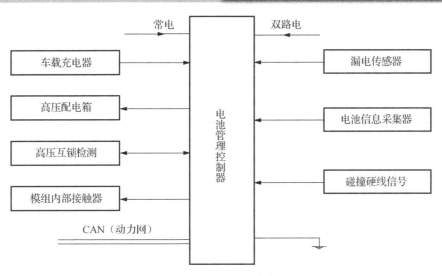

图 3-52 E5 电池管理系统功能框图

三、比亚迪 E5 电池管理系统故障诊断与排除

1. 比亚迪 E5 电池管理系统的结构和特性

电池管理系统检修

比亚迪 E5 采用分布式电池管理系统,由电池管理控制器(BMC)、电池信息采集器(BIC)、电池采样线组成。电池管理控制器的主要功能有充放电管理、接触器控制、功率控制、电池异常状态报警和保护、SOC/SOH 计算、自检以及通信功能等;电池信息采集器的主要功能有电池电压采样、温度采样、电池均衡、采样线异常检测等;动力电池采样线的主要功能是连接电池管理控制器和电池信息采集器,实现二者之间的通信及信息交换。电池管理控制器(BMC,又称为 BMS)位于高压电控后部,如图 3-53 所示。

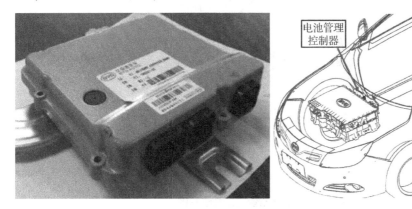

图 3-53 电池管理控制器及实车位置

电池管理器采用的是总线型拓扑结构，整个系统由一个电池管理器(BMC)和多个信息采集器(BIC)组成，内部通信采用 CAN 总线，并通过 CAN 总线与主控制器、DC 总成、漏电传感器、车载充电器、网关和仪表等部件关联，通过动力 CAN 总线实现信息共享，BIC 安装在电池组中，13 个电池模组有 13 个电池信息采集器(BIC)，并与电池管理器(BMS)连接。如图 3-54 所示为 E5 电池管理器内部网络拓扑图。

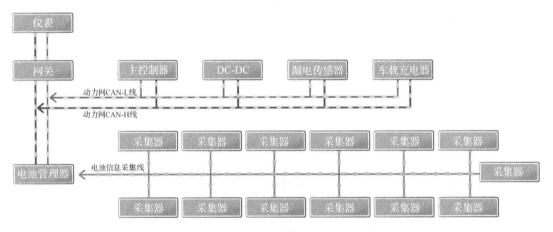

图 3-54　E5 电池管理器内部网络拓扑图

电池信息采集器(BIC)把数据传递给电池管理器(BMS)，漏电传感器信号和碰撞信号也被传递给 BMS，BMS 根据接收到的信号发送相应的命令，控制高压配电盒电池包内部的接触器通断，采取相应的措施。如图 3-55 所示为 E5 电池管理器系统框图。

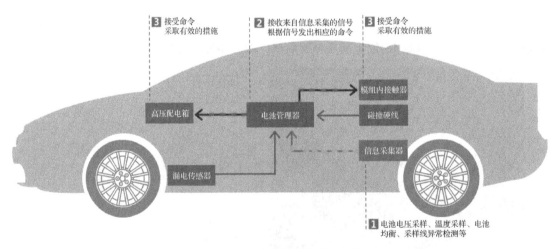

图 3-55　E5 电池管理器系统框图

2. E5 电池管理系统 BMS 各管脚的功能和定义

比亚迪 E5 的电池管理控制器(BMC)接口，如图 3-56 所示，由电池管理控制器 BMC01、BMC02、BMC03 组成。各电池管理器管脚的功能和定义如表 3-2 所示。

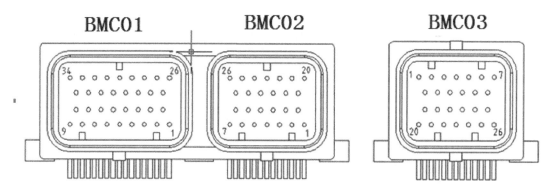

图 3-56　电池管理控制器(BMC)接口

表 3-2　E5 电池管理器 BMC 管脚的功能

连接端子	端子描述	线色	条件	正常值
BMC01-1～GND	高压互锁输出信号	W	"ON"挡/"OK"挡/充电	PWM 脉冲信号
BMC01-2～GND	一般漏电信号	L/W	一般漏电	小于1V
BMC01-6～GND	整车低压地	B	始终	小于1V
BMC01-9～GND	主接触器拉低控制信号	Br	整车上高压电	小于1V
BMC01-10～GND	严重漏电信号	Y/G	严重漏电	小于1V
BMC01-14～GND	12V 蓄电池正	G/R	"ON"挡/"OK"挡/充电	9～16V
BMC01-17～GND	主预充接触器拉低控制信号	W/L	预充过程中	小于1V
BMC01-26～GND	直流霍尔信号	W/B	电源"ON"挡	0～4.2 V
BMC01-27～GND	电流霍尔+15V	Y/B		9～16 V
BMC01-28～GND	直流霍尔屏蔽地	Y/G		
BMC01-29～GND	电流霍尔-15V	R/G	"ON"挡/"OK"挡/充电	-16～-9 V
BMC01-30～GND	整车低压地	B	始终	小于1V
BMC01-31～GND	仪表充电指示灯信号	G	充电时	
BMC01-33～GND	直流充电正、负极接触器拉低控制信号	Gr		小于1V
BMC01-34～GND	交流充电接触器控制信号	G/W	始终	小于1V

续表

连接端子	端子描述	线色	条件	正常值
BMC02-1～GND	12V DC 电源正	R/B	电源"ON"挡/充电	11～14V
BMC02-4～GND	直流充电感应信号	Y/R	充电时	
BMC02-G～GND	整车低压地	B	始终	
BMC02-7～GND	高压互锁输入信号	W	"ON"挡/"OK"挡/充电	PWM 脉冲信号
BMC02-11～GND	直流温度传感器高	G/Y	"ON"挡/"OK"挡/充电	2.5～3.5 V
BMC02-13～GND	直流温度传感器低	R/W		
BMC02-14～GND	直流充电口CAN2H	P		
BMC02-15～GND	整车CAN1H	P	"ON"挡/"OK"挡/充电	1.5～2.5 V
BMC02-16～GND	整车CAN 屏蔽地			
BMC02-18～GND	VTOG/车载感应信号	L/B	充电时	小于1 V
BMC02-20～GND	直流充电口CAN2L	V	直流充电时	
BMC02-21～GND	直流充电口CAN 屏蔽地		始终	小于1 V
BMC02-22～GND	整车CANH	V	"ON"挡/"OK"挡/充电	1.5～2.5 V
BMC02-25～GND	碰撞信号	Y/G	启动	约−15 V
BMC03-1～GND	采集器CANL	V	"ON"挡/"OK"挡/充电	1.5～2.5 V
BMC03-2～GND	采集器CAN 屏蔽地		始终	小于1V
BMC03-3～GND	1#分压接触器拉低控制信号	G/B		小于1 V
BMC03-4～GND	2#分压接触器拉低控制信号	Y/B		小于1 V
BMC03-7～GND	BIC 供电电源正	R/L	"ON"挡/"OK"挡/充电	9～16 V
BMC03-8～GND	采集器CANH	P	"ON"挡/"OK"挡/充电	2.5～3.5 V
BMC03-10～GND	负极接触器拉低控制信号	L/B	接触器吸合时	小于1V
BMC03-11～GND	正极接触器拉低控制信号	R/G	接触器吸合时	小于1V
BMC03-14～GND	1#分压接触器12V 电源	G/R	"ON"挡/"OK"挡/充电	9～16 V
BMC03-15～GND	2# 分压接触器 12V 电源	L/R	"ON"挡/"OK"挡/充电	9～16 V
BMC03-20～GND	负极接触器 12V 电源	Y/W	"ON"挡/"OK"挡/充电	9～16 V
BMC03-21～GND	正极接触器12V 电源	R/W	"ON"挡/"OK"挡/充电	9～16 V
BMC03-26～GND	采集器电源地	R/Y	"ON"挡/"OK"挡/充电	

电池管理器电路图如图 3-57、图 3-58 所示。

项目三 纯电动汽车的基本构造与维修

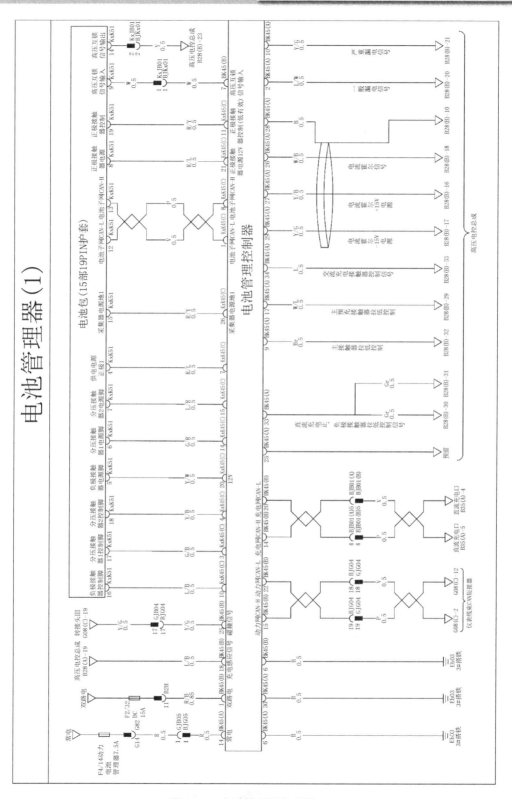

图 3-57 电池管理器电路图(一)

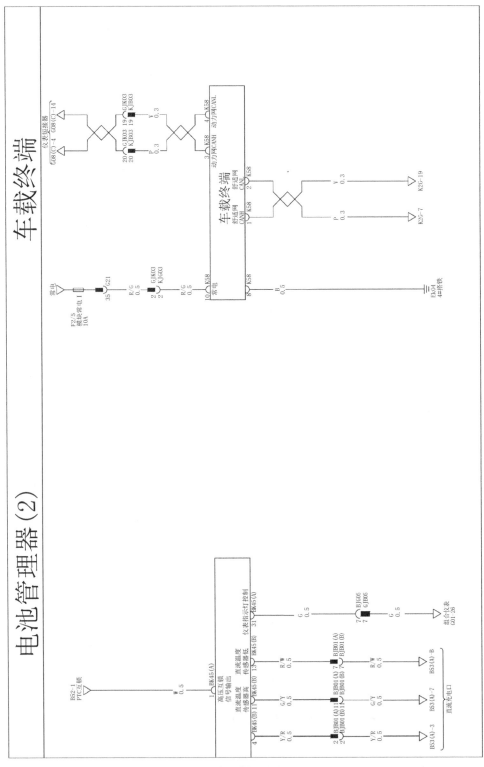

图 3-58　电池管理器电路图(二)

3. 电池管理器故障诊断流程

(1) 检查低压电池电压。标准电压值：11~14V，如果电压值低于11V，在进行下一步之前请充电或更换蓄电池。

(2) 连接解码仪。整车上"ON"挡电，使用比亚迪原厂解码仪 VDS2000 或道通 908 等支持 E5 车型的第三方解码仪，进入电池管理器故障代码诊断，检查 DTC，如表 3-3 所示。

表 3-3 故障码列表

编号	DTC	描述	应检查部位
1	P1A0000	严重漏电故障	检查动力电池、四合一、空调压缩机和PTC
2	P1A0100	一般漏电故障	检查动力电池、四合一、空调压缩机和PTC
3	P1A0200	BIC1 工作异常故障	采集器1
4	P1A0300	BIC2 工作异常故障	采集器2
5	P1A0400	BIC3 工作异常故障	采集器3
6	P1A0500	BIC4 工作异常故障	采集器4
7	P1A0600	BIC5 工作异常故障	采集器5
8	P1A0700	BIC6 工作异常故障	采集器6
9	P1A0800	BIC7 工作异常故障	采集器7
10	P1A0900	BIC8 工作异常故障	采集器8
11	P1A0A00	BIC9 工作异常故障	采集器9
12	P1A0B00	BIC10 工作异常故障	采集器10
13	P1A9800	BIC11 工作异常故障	采集器11
14	P1A9900	BIC12 工作异常故障	采集器12
15	P1A9A00	BIC13 工作异常故障	采集器13
16	P1A0C00	BIC1 电压采样异常故障	电池模组 1；软件会自己屏蔽掉，无须处理，若无法屏蔽则需更换电池模组
17	P1A0D00	BIC2 电压采样异常故障	电池模组 2；软件会自己屏蔽掉，无须处理，若无法屏蔽则需更换电池模组
18	P1A0E00	BIC3 电压采样异常故障	电池模组 3；软件会自己屏蔽掉，无须处理，若无法屏蔽则需更换电池模组
19	P1A0F00	BIC4 电压采样异常故障	电池模组 4；软件会自己屏蔽掉，无须处理，若无法屏蔽则需更换电池模组
20	P1A1000	BIC5 电压采样异常故障	电池模组 5；软件会自己屏蔽掉，无须处理，若无法屏蔽则需更换电池模组
21	P1A1100	BIC6 电压采样异常故障	电池模组 6；软件会自己屏蔽掉，无须处理，若无法屏蔽则需更换电池模组
22	P1A1200	BIC7 电压采样异常故障	电池模组 7；软件会自己屏蔽掉，无须处理，若无法屏蔽则需更换电池模组

续表

编 号	DTC	描 述	应检查部位
23	P1A1300	BIC8 电压采样异常故障	电池模组 8；软件会自己屏蔽掉，无须处理，若无法屏蔽则需更换电池模组
24	P1A1400	BIC9 电压采样异常故障	电池模组 9；软件会自己屏蔽掉，无须处理，若无法屏蔽则需更换电池模组
25	P1A1500	BIC10 电压采样异常故障	电池模组10；软件会自己屏蔽掉，无须处理，若无法屏蔽则需更换电池模组
26	P1AA200	BIC11 电压采样异常故障	电池模组11；软件会自己屏蔽掉，无须处理，若无法屏蔽则需更换电池模组
27	P1AA300	BIC12 电压采样异常故障	电池模组12；软件会自己屏蔽掉，无须处理，若无法屏蔽则需更换电池模组
28	P1AA400	BIC13 电池采样异常故障	电池模组13；软件会自己屏蔽掉，无须处理，若无法屏蔽则需更换电池模组
29	P1A2000	BIC1 温度采样异常故障	采集器1
30	P1A2100	BIC2 温度采样异常故障	采集器2
31	P1A2200	BIC3 温度采样异常故障	采集器3
32	P1A2300	BIC4 温度采样异常故障	采集器4
33	P1A2400	BIC5 温度采样异常故障	采集器5
34	P1A2500	BIC6 温度采样异常故障	采集器6
35	P1A2600	BIC7 温度采样异常故障	采集器7
36	P1A2700	BIC8 温度采样异常故障	采集器8
37	P1A2800	BIC9 温度采样异常故障	采集器9
38	P1A2900	BIC10 温度采样异常故障	采集器10
39	P1AAC00	BIC11 温度采样异常故障	采集器11
40	P1AAD00	BIC12 温度采样异常故障	采集器12
41	P1AAE00	BIC13 温度采样异常故障	采集器13
42	P1A2A00	BIC1 均衡电路故障	采集器1
43	P1A2B00	BIC2 均衡电路故障	采集器2
44	P1A2C00	BIC3 均衡电路故障	采集器3
45	P1A2D00	BIC4 均衡电路故障	采集器4
46	P1A2E00	BIC5 均衡电路故障	采集器5
47	P1A2F00	BIC6 均衡电路故障	采集器6
48	P1A3000	BIC7 均衡电路故障	采集器7
49	P1A3100	BIC8 均衡电路故障	采集器8
50	P1A3200	BIC9 均衡电路故障	采集器9
51	P1A3300	BIC10 均衡电路故障	采集器10
52	P1AB600	BIC11 均衡电路故障	采集器11

续表

编号	DTC	描述	应检查部位
53	P1AB700	BIC12均衡电路故障	采集器12
54	P1AB800	BIC13均衡电路故障	采集器13
55	P1A3400	预充失败故障	检查动力电池，高压配电箱，电机控制器与DC总成，空调压缩机和PTC，以及高压线束、漏电传感器
56	P1A3500	动力电池单节电压严重过高	动力电池
57	P1A3600	动力电池单节电压一般过高	动力电池
58	P1A3700	动力电池单节电压严重过低	动力电池
59	P1A3800	动力电池单节电压一般过低	动力电池
60	P1A3900	动力电池单节温度严重过高	动力电池
61	P1A3A00	动力电池单节温度一般过高	动力电池
62	P1A3B00	动力电池单节温度严重过低	动力电池
63	P1A3C00	动力电池单节温度一般过低	动力电池
64	P1A3D00	负极接触器回检故障	电池管理器低压线束、高压电控总成
65	P1A3E00	主接触器回检故障	电池管理器低压线束、高压电控总成
66	P1A3F00	预充接触器回检故障	电池管理器低压线束、高压电控总成
67	P1A4000	充电接触器回检故障	电池管理器低压线束、高压电控总成
68	P1A4100	主接触器烧结故障	
69	P1A4200	负极接触器烧结故障	电池包
70	P1A4300	电池管理器+15V供电过高故障	电池管理器、蓄电池
71	P1A4400	电池管理器+15V供电过低故障	电池管理器、蓄电池
72	P1A4500	电池管理器-15V供电过高故障	电池管理器、蓄电池
73	P1A4600	电池管理器-15V供电过低故障	电池管理器、蓄电池
74	P1A4700	交流充电感应信号断线故障	高压电控总成、电池管理器、低压线束
75	P1A4800	主电机开盖故障	高压电控总成
76	P1A4900	高压互锁自检故障	电池管理器、高压电控总成、低压线束
77	P1A4A00	高压互锁一直检测为高信号故障	电池管理器、高压电控总成、低压线束
78	P1A4B00	高压互锁一直检测为低信号故障	电池管理器、高压电控总成、低压线束
79	P1A4C00	漏电传感器失效故障	漏电传感器、低压线束、电池管理器
80	P1A4D00	电流霍尔传感器故障	霍尔传感器
81	P1A4E00	电池组过流告警	整车电流过大、霍尔传感器故障
82	P1A4F00	电池管理系统初始化错误	电池管理器
83	P1A5000	电池管理系统自检故障	电池管理器
84	P1A5100	碰撞硬线信号PWM异常告警(预留)	安全气囊ECU、低压线束、电池管理器
85	P1A5200	碰撞系统故障(预留)	安全气囊ECU、低压线束、电池管理器

续表

编号	DTC	描述	应检查部位
86	P1A5500	电池管理器12V电源输入过高	蓄电池
87	P1A5600	电池管理器12V电源输入过低	蓄电池
88	P1A5700	大电流拉断接触器	整车电流过大、霍尔传感器故障
89	P1A5800	放电回路故障(预留)	
90	P1A5900	与高压电控器通信故障	高压电控总成、低压线束
91	P1A5A00	与漏电传感器通信故障	漏电传感器、低压线束
92	P1A5B00	与气囊ECU通信故障	气囊ECU、低压线束
93	P1A5C00	分压接触器1回检故障	分压接触器、模组采样通信线
94	P1A5D00	分压接触器2回检故障	分压接触器、模组采样通信线
95	U20B000	BIC1 CAN 通信超时故障	采集器、CAN 线
96	U20B100	BIC2 CAN 通信超时故障	采集器、CAN 线
97	U20B200	BIC3 CAN 通信超时故障	采集器、CAN 线
98	U20B300	BIC4 CAN 通信超时故障	采集器、CAN 线
99	U20B400	BIC5 CAN 通信超时故障	采集器、CAN 线
100	U20B500	BIC6 CAN 通信超时故障	采集器、CAN 线
101	U20B600	BIC7 CAN 通信超时故障	采集器、CAN 线
102	U20B700	BIC8 CAN 通信超时故障	采集器、CAN 线
103	U20B800	BIC9 CAN 通信超时故障	采集器、CAN 线
104	U20B900	BIC10 CAN 通信超时故障	采集器、CAN 线
105	U20BA00	BIC11CAN 通信超时故障	采集器、CAN 线
106	U20BB00	BIC12CAN 通信超时故障	采集器、CAN 线
107	U20BC00	BIC13CAN 通信超时故障	采集器、CAN 线
108	U029700	有感应信号但没有车载报文故障	车载充电器、低压线束
109	U012200	有感应信号但没有启动 BMS 报文故障(低压BMS)	蓄电池、低压线束
110	P1A6000	高压互锁故障	电池管理器、高压电控总成、低压线束

(3) 读取故障码，根据表 3-3 所示故障码列表，检查相应的部件及线路。针对故障进行调整，维修或更换。

(4) 确认测试，故障现象是否消失，故障代码清除后是否消失。

(5) 完成诊断。

4．电池管理器的更换

若确认电池管理器有问题，导致车辆不能运行，按以下步骤拆卸。

(1) 将车辆退电至"OFF"挡，等待 5min。

(2) 打开前舱盖。

(3) 拔掉电池管理控制器上连接的动力电池采样线和整车低压线束的接插件,拔掉整车低压线束在电池管理控制器支架上的固定卡扣。

(4) 用 10 号套筒拆卸电池管理控制器的三个固定螺母。

(5) 更换电池管理器,插上动力电池采样线和整车低压线束的接插件,确认连接可靠。

(6) 用 10 号套筒拧紧电池管理控制器的三个固定螺母。

(7) 整车上电再次确认问题是否解决。

实训项目一　电池组结构认知及检测

一、实训要求

1. 能够认知电池组结构。
2. 能够清楚电池组控制原理。
3. 能够检修电池组低压系统。
4. 能够了解常见汽车动力电池的特点和性能。

二、基础知识

比亚迪 E5 动力电池包包括密封盖板、钢板压条、密封条、电池托盘、单列模组电池、双列模组电池等,如图 3-59 所示。

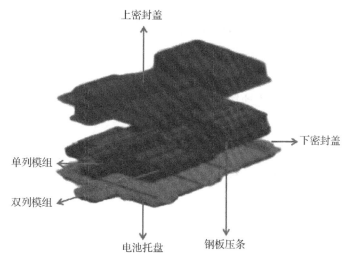

图 3-59　E5 动力电池构造

动力电池包由 13 个模组串联组成。图 3-60 中显示了各电池模组的位置和排列方式。

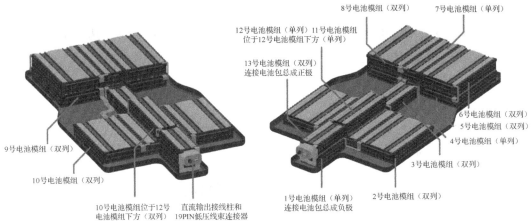

图 3-60　E5 动力电池模组

1. 动力电池性能参数

(1) 动力电池类型：环保型磷酸铁/锂动力电池。

(2) 单体电池：3.2V 75Ah(198 节单体电池串联)。

(3) 动力电池包总电压：3.2V×198 节=633.6V。

(4) 动力电池包容量：633.6V 75Ah(47.5 度电)。

(5) 动力电池工作温度：-20～60℃。

2. 电池模组上电过程

(1) 电池管理器采集到"制动踏板+启动按钮"命令后，吸合 IG1 继电器发送"启动开始"命令报文通过网关到其他控制模块。

(2) 正负极接触器和分压接触器闭合。

(3) 电池管理器首先自检电池情况、是否漏电、亏电等信息。(若检测到漏电严重，电池不能向外供电)

(4) 检验通过后，吸合预充接触器。

(5) 高压电控系统检测预充是否充满。

(6) 预充满后，吸合主接触器。

(7) 断开预充接触器。

(8) 完成上电过程，"OK"灯点亮，电池组供电，车辆可行驶。

3. 电池管理器在高压上电过程中的作用

(1) 接收智能钥匙信号和制动踏板信号，并判断信号是否正常。

(2) 控制电池模组内接触器闭合。

(3) 接受漏电传感器信号，判断电池是否漏电。

(4) 闭合和断开预充接触器。

(5) 闭合主接触器，电池组向外输出电压。

4. 接触器的构造

接触器的构造如图 3-61 所示，包括连接电池管理器、连接触点、连接端子、限位块等。

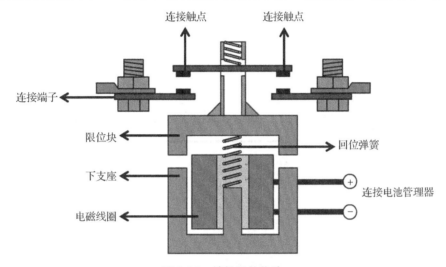

图 3-61　接触器的构造

5. 电池组低压接口

比亚迪 E5 动力电池包低压接口如图 3-62 所示。电池组低压端子参考数据如表 3-4 所示。

图 3-62　E5 动力电池包低压接口

6. 电池管理器与电池采集器数据交换

电池管理器与电池采集器数据交换，如图 3-63 所示。

表 3-4 端子号及其含义

端子号	端子号含义	测量条件	标准数据
4	采集器电源正极	点火开关 ON	9～14V
5	负极接触器电源	点火开关 ON	9～14V
6	分压接触器 1 电源	点火开关 ON	9～14V
7	分压接触器 2 电源	点火开关 ON	9～14V
8	正极接触器电源	点火开关 ON	9～14V
12	CANL	点火开关 ON	2.5V 左右
13	CANH	点火开关 ON	2.5V 左右
15	采集器电源负极	点火开关 ON	9～14V
16	负极接触器控制	始终	低于 1V
17	分压接触器 1 控制	始终	低于 1V
18	分压接触器 2 控制	始终	低于 1V
19	正极接触器控制	始终	低于 1V

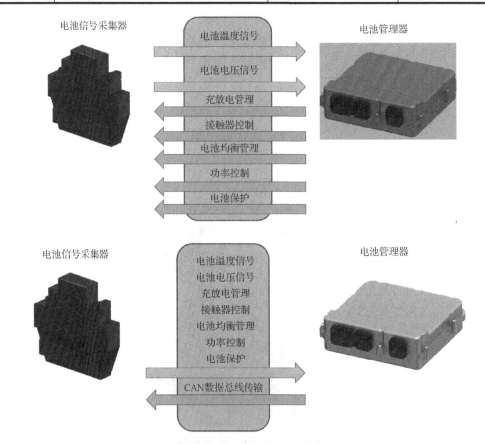

图 3-63 电池管理器与电池采集器数据信息流

三、项目实施

任务 1：请将正确的高压上电步骤顺序填写到下列方框内。讨论电池预充的功用和原理。

项目三 纯电动汽车的基本构造与维修

序号名称	上电步骤
1	正负极接触器和分压接触器闭合
2	检验通过后,吸合预充接触器
3	高压电控系统检测预充是否充满
4	电池管理器首先自检电池情况,是否漏电、亏电等信息
5	电池管理器采集到"制动踏板+启动按钮"命令后,吸合 IG1 继电器发送"启动开始"命令报文通过网关到其他控制模块
6	断开预充接触器
7	预充满后,吸合主接触器
8	完成上电过程,"OK"灯点亮,电池组供电,车辆可行驶
将正确顺序填写到右侧方框内	

组织方法:完成任务后,分组讨论电池预充的功用和原理,讲师进行提问,最后总结提炼。

任务 2:根据提供的检测条件和图 3-64 所示 E5 动力电池包低压接口端子位置,检测 E5 动力电池包 19 PIN 低压线束数值。

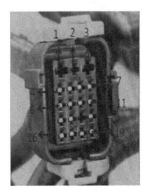

图 3-64 E5 动力电池包低压接口

端子号	端子号含义	测量条件	标准数据
4	采集器电源正极	点火开关 ON	
5	负极接触器电源	点火开关 ON	
6	分压接触器 1 电源	点火开关 ON	
7	分压接触器 2 电源	点火开关 ON	
8	正极接触器电源	点火开关 ON	
12	CANL	点火开关 ON	
13	CANH	点火开关 ON	
15	采集器电源负极	点火开关 ON	
16	负极接触器控制	始终	
17	分压接触器 1 控制	始终	

任务 3：讨论电池组中分压接触器的控制原理和功用。

1. 填写图 3-65 所示接触器构造图中箭头所指名称。

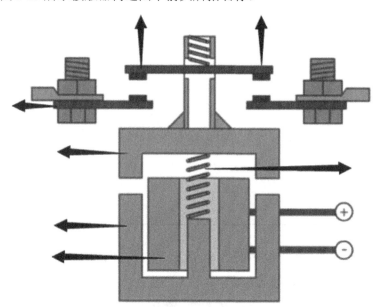

图 3-65　接触器构造

2. 测试分压接触器。

(1) 万用表测试主触点电阻。

(2) 给线圈提供 12V 电压。

(3) 测量主触点电阻。

讨论：主触点接触电阻过大，会带来什么后果？

任务 4：检测电池管理器低压接插件(图 3-66 BMC01、图 3-67 BMC02、图 3-68 BMC03 口接插件)，并把数据填入表格内。

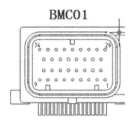

图 3-66　电池管理器 BMC01

端子号	端子号的含义	条　件	正常值
BMC01-1	高压互锁输出信号线	"ON"挡/"OK"挡/充电	
BMC01-2	一般漏电信号线	一般漏电	
BMC01-6	整车低压接地线	始终	
BMC01-9	主接触器控制信号线	整车上高压电	
BMC01-10	严重漏电信号	严重漏电	
BMC01-14	12V 蓄电池正极线	"ON"挡/"OK"挡/充电	
BMC01-17	主预充接触器控制信号线	预充过程中	
BMC01-26	直流霍尔信号线	电源"ON"挡	
BMC01-27	电流霍尔+15V 线	"ON"挡/"OK"挡/充电	
BMC01-28	直流霍尔屏蔽地线	始终	
BMC01-29	电流霍尔-15V	"ON"挡/"OK"挡/充电	
BMC01-30	整车低压接地线	始终	
BMC01-31	仪表充电指示灯信号线	充电时	
BMC01-33	直流充电正、负极接触器拉低控制信号线	始终	
BMC01-34	交流充电接触器控制信号线	始终	

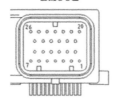

图 3-67　电池管理器 BMC02

端子号	端子号的含义	条　件	正常值
BMC02-1	12V DC 电源正极线	电源"ON"挡/充电	
BMC02-4	直流充电感应信号线	充电时	
BMC02-G	整车低压接地线	始终	
BMC02-7	高压互锁输入信号线	"ON"挡/"OK"挡/充电	
BMC02-11	直流温度传感器信号线	"ON"挡/"OK"挡/充电	
BMC02-13	直流温度传感器接地线	始终	
BMC02-14	直流充电口 CAN2 H 线	充电时	
BMC02-15	整车 CAN1 H 线	"ON"挡/"OK"挡/充电	
BMC02-16	整车 CAN 屏蔽地线	始终	
BMC02-18	VTOG/车载感应信号线	充电时	
BMC02-20	直流充电口 CAN2L 线	直流充电时	
BMC02-21	直流充电口 CAN 屏蔽地线	始终	
BMC02-22	整车 CANL	"ON"挡/"OK"挡/充电	
BMC02-25	碰撞信号	启动	

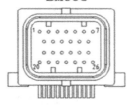

图 3-68　电池管理器 BMC03

端子号	端子号的含义	条　件	正常值
BMC03-1	采集器 CANL 线	"ON"挡/"OK"挡/充电	
BMC03-2	采集器 CAN 屏蔽地线	始终	
BMC03-3	1 号分压接触器控制信号线	始终	
BMC03-4	2 号分压接触器控制信号线	始终	
BMC03-7	BIC 供电电源正极线	"ON"挡/"OK"挡/充电	
BMC03-8	采集器 CANH 线	"ON"挡/"OK"挡/充电	

续表

端子号	端子号的含义	条　件	正常值
BMC03-10	负极接触器控制信号线	接触器吸合时	
BMC03-11	正极接触器控制信号线	接触器吸合时	
BMC03-14	1号分压接触器12V电源线	"ON"挡/"OK"挡/充电	
BMC03-15	2号分压接触器12V电源线	"ON"挡/"OK"挡/充电	
BMC03-20	负极接触器12V电源线	"ON"挡/"OK"挡/充电	
BMC03-21	正极接触器12V电源线	"ON"挡/"OK"挡/充电	
BMC03-26	采集器接地线	"ON"挡/"OK"挡/充电	

讨论：围绕电池管理器电路原理图讨论各管脚的定义和功能。

任务5：检查CANL网络总线电压、检查CANH网络总线电压、观察CANH和CANL波形、检查电池组正极接触器电源电压、检查电池组分压接触器控制线电压。

测量项目	检测点	测量数值
检查CANH网络总线电压	BMC02-15对地电压	
检查CANL网络总线电压	BMC02-22对地电压	
检查电池组正极接触器电源电压	BMC03-21对地电压	
	BMC03-11对地电压	
检查电池组1号分压接触器控制线电压	BMC03-14对地电压	
	BMC03-3对地电压	
观察CANH和CANL波形	使用示波器观察BMC02-15对地、BMC02-22对地波形	

任务三 纯电动汽车高压系统故障诊断与排除

【学习目标】熟悉比亚迪 E5 高压电控总成低压接口管脚的功能和定义；熟悉高压系统的故障诊断与检测流程。

【能力要求】掌握电动汽车高压电控总成的功能和工作原理。

一、比亚迪 E5 高压电控总成的功能

高压电控总成集成了两电平双向交流逆变式电机控制器模块，车载充电器模块，DC-DC 转换器、变换器模块，高压配电模块和漏电传感器。图 3-69 所示为高压电控总成及驱动电机连接动力电池、电池管理器 BMS 及充电口等高压组件。

图 3-69　高压电控总成及驱动电机

1. 电机控制器

作为整个电动系统的控制中心，电机控制器由逆变器和控制器两部分组成。图 3-70 所示为电机控制器模块示意图，逆变器接收电池输送过来的直流电电能，逆变成三相交流电给汽车电机提供电源。

项目三　纯电动汽车的基本构造与维修

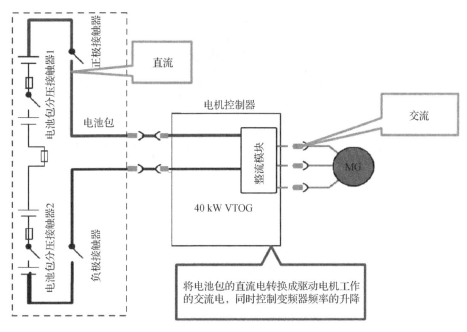

图 3-70　电机控制器模块示意图

2. DC-DC 转换器

DC-DC 转换器将电池组 633.6V 直流电转换成 9～14V 直流电，提供给低压辅助电池，如图 3-71 所示。再把低压电池作为电源驱动车辆的辅助类、雨刷及灯光照明等器件。

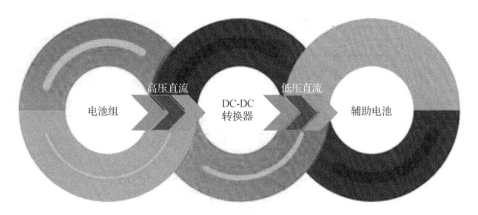

图 3-71　DC-DC 功能示意图

3. 高压配电箱

高压配电箱是整车高压电配电装置，实现电源分配、接通、断开功能。通过配电箱对电池包体中巨大的能量进行控制，相当于一个大型的电闸，通过接触器(继电器)的吸合来控制电流通断，将电流进行分流等。如图 3-72 所示为高压配电箱功能示意图。

图 3-72　高压配电箱功能示意图

新能源汽车充电技术

4. 充电控制部分

充电控制部分分为直流充电控制和交流充电控制。

(1) 直流充电通过直流充电感应信号和 PE 保护信号传递给电池管理器。电池管理器控制高压直流充电口正极、负极接触器闭合，电池组正负极、分压接触器闭合，如图 3-73 所示。

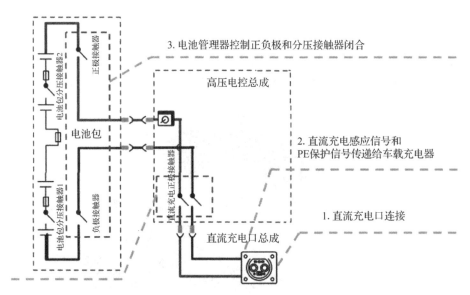

图 3-73　直流充电控制功能示意图

(2) 交流充电时，当插上充电枪，交流充电通过与电机控制连接的充电枪信号，电机控制器将此充电信号传递给电池管理器。电池管理器控制交流充电接触器闭合，给电池组充电，如图 3-74 所示。

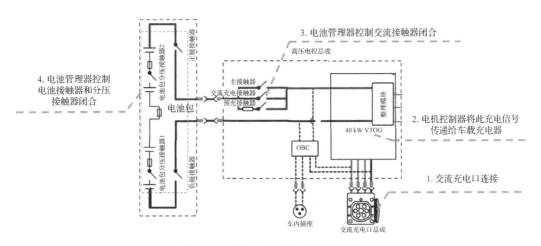

图 3-74 交流充电控制功能示意图

5. 漏电传感器

高压系统漏电时，传感器会发出一个信号给电池管理器，电池管理器接收到漏电信号后会根据漏电情况立即报警或者控制立即断开高压系统，防止高压漏电对人或者物品造成伤害和损失。图 3-75 为漏电传感器安装位置图。图 3-76 为漏电传感器功能示意图，漏电传感器监控动力母线正极和负极的电流。传感器通过霍尔式平衡原理监测负载电路中电流的变化。电池包流出的电流 $I+$，流经负载后，返回负极直流电路 $I-$，当支路没有接地电路时 $I+=I-$。

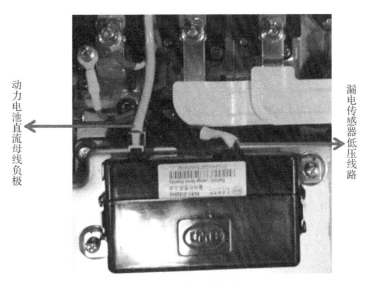

图 3-75 漏电传感器安装位置

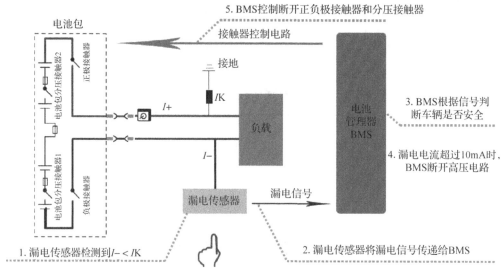

图 3-76 漏电传感器功能示意图

二、比亚迪 E5 高压电控总成管脚的功能和定义

比亚迪 E5 高压电控总成 33 针管脚的位置和定义，如图 3-77 和表 3-5 所示。

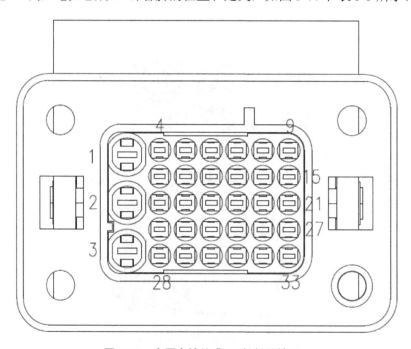

图 3-77 高压电控总成 33 针低压接口

表 3-5 端子号及定义

引脚号	端子名称	端口定义	电源性质和标准值
4		VCC 双路电电源	双路电(+12V)
5		VCC 双路电电源	双路电(+12V)
8		GND 双路电电源地	双电路
9		GND 双路电电源地	
10	GND	直流霍尔屏蔽地	低压 1V
13	GND	CAN 屏蔽地	低压 1V
14		CAN_H	2.5V 左右
15		CAN_L	2.5V 左右
16		直流霍尔电源+	
17		直流霍尔电源-	
18		直流霍尔信号	
20		一般漏电信号	
21		严重漏电信号	
22	驱动/充电	高压互锁+	
23		高压互锁-	
24		主接触器/预充接触器电源	
25		交/直流充电正负极接触器电源	
29		主预充接触器控制信号	
30		直流充电正极接触器控制信号	
31		直流充电负极接触器控制信号	
32		主接触器控制信号	
33		交流充电接触器控制信号	

备注：表格中未标注出端子号表示端子空位。

比亚迪 E5 高压电控总成 64 针管脚的位置和定义，如图 3-78 和表 3-6 及定义所示。

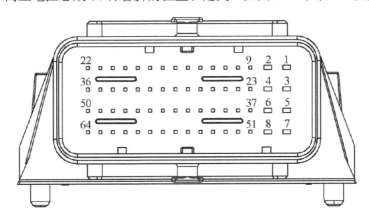

图 3-78 高压电控总成 64 针低压接口

表 3-6　端子名称及定义

引脚号	端子名称	端口定义	电源性质和标准值
1	+12V	外部提供"ON"挡电源	双路电
2	+12V	外部提供常火电	常电
4	+12V	外部提供"ON"挡电源	双路电
6	GND	油门深度屏蔽地	
7	GND	外部电源地	
8	GND	外部电源地	
10	GND	巡航地	
11	GND	充电枪温度1地(标准)	
12	MES-BCM	BCM充电连接信号	
13	NET-CC1	充电控制信号1(标准)	
14	CRUISE-IN	巡航信号	
15	STATOR-T-IN	电机绕组温度	
16	CHAR-TEMP1	充电枪座温度信号1(标准)	
17	DC-BRAKE1	刹车深度1	
18	DC-GAIN2	油门深度2	
19	MES-BMS-OUT	BMS信号	
26	GND	动力网CAN信号屏蔽地	
29	GND	电机模拟温度地	
31	DC-BRAKE2	刹车深度2	
32	DC-GAIN1	油门深度1	
33	DIG-YL1-OUT	预留开关量输出1	
34	DIG-YL2-OUT	预留开关量输出2	
35	IN-HAND-BRAKE	手刹信号	
37	GND	刹车深度屏蔽地	
38	+5V	刹车深度电源1	
39	+5V	油门深度电源2	
40	+5V	油门深度电源1	
41	+5V	刹车深度电源2	
44		车内插座触发信号	
45	GND	旋变屏蔽地	
47	NET-CP	充电电流确认信号(国标CP)	
49	CANH	动力网CANH	
50	CANL	动力网CANL	
51	GND	刹车深度电源地1	
52	GND	刹车深度电源地1	

续表

引脚号	端子名称	端口定义	电源性质和标准值
54	GND	油门深度电源地1	
55	GND	刹车深度电源地2	
56	SWITCH-YL2	预留开关量输入2	
57	IN-FEET-BRAKE	制动信号	
59	/EXCOUT	励磁-	
60	EXCOUT	励磁+	
61	COS+	余弦+	
62	COS-	余弦-	
63	SIN+	正弦+	
64	SIN-	正弦-	

备注：表格中未标注出端子号表示端子空位。

三、比亚迪 E5 主控制器

比亚迪 E5 主控制器总成位于副仪表台，位置如图 3-79 所示。主控制器由冷却风扇、水温传感器、真空泵压力传感器、真空助力泵电机、高压模块水泵组成。

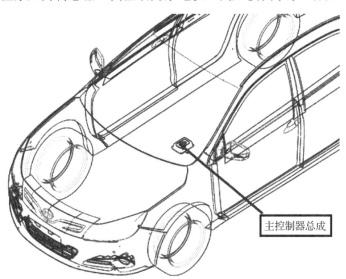

图 3-79　比亚迪 E5 主控制器位置

图 3-80 所示为比亚迪 E5 主控制器，包含两个低压接插件，主要功能为采集水温传感器和真空泵压力传感器信号，负责控制冷却风扇、真空助力泵电机及高压模块水泵。

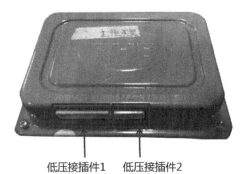

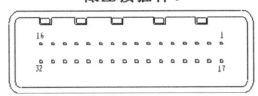 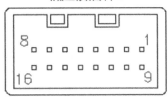

图 3-80　比亚迪 E5 主控制器

主控制器低压接插件 1(30 针)管脚的功能如表 3-7 所示，低压接插件 2(16 针)管脚的功能如表 3-8 所示，故障码列表如表 3-9 所示。

表 3-7　低压接插件 1 管脚的功能

引脚号	端口名称	端口定义	线束接法	信号类型	稳态工作电流
1		空			
2		制动信号输入	制动开关	12V高电平有效	
3		开关输出预留			
4		真空泵继电器检测信号	真空泵继电器 1、2 与真空泵 1 号脚的交汇处	高电平有效	
5		空			
6		信号输入(预留)			
7		+5V(预留)			
8		+5V(预留)			
9		信号输入(预留)			
10		空			
11		水温传感器信号输入	水温传感器C 脚	模拟量	
12		水温传感器信号地	水温传感器A 脚	接地	
13	DC+5V	真空压力传感器电源	真空压力传感器1号脚	5V电压	
14		真空泵压力传感器信号	真空压力传感器3号脚	模拟量	
15	GND	真空压力传感器电源地	真空压力传感器2号脚	5V地	
16	DC+12V	12V电源	双路电源	电源	300mA

续表

引脚号	端口名称	端口定义	线束接法	信号类型	稳态工作电流
17		空			
18		空			
19		空			
20		信号输入(预留)		高有效	
21		空			
22		空			
23		信号输入(预留)		低有效	
24		模拟信号输入(预留)		模拟量	
25		模拟信号输入(预留)		模拟量	
26	LS Z1	车速传感器输入	车速传感器2号脚	PWM	
27		空			
28		空			
29		空			
30	GND	电源地	车身地		

表3-8 低压接插件2(16针)管脚的功能

引脚号	端口定义	线束接法	信号类型
1	CAN_L	动力网	差分
2	真空泵启动控制2	真空泵继电器2控制脚	低电平有效
3	IO输出(预留)		
4	冷却风机低速继电器控制输出	低速继电器控制脚	低电平有效
5	冷却风机高速继电器控制输出	高速继电器控制脚	低电平有效
6	IO 输出(预留)	空	
7			
8	车速信号输出2(预留)	空	
9	CAN_H	动力网	差分
10	IO 输出(预留)		低有效
11	IO 输出(预留)		低有效
12	真空泵启动控制1	真空泵继电器1控制脚	低电平有效
13	空		
14	空		
15			
16	车速信号输出1(预留)		

表 3-9　故障码列表

故障码(ISO 15031-6)	故障定义	DTC值(hex)
B114900	水温故障	914900
B114E00	真空泵系统失效	914E00
B114F00	真空泵严重漏气故障	914F00
B115000	真空泵一般漏气故障	915000
B115100	真空泵到达极限寿命	915100
B115900	真空泵继电器1故障	915900
B115A00	真空泵继电器2故障	915A00
B115B00	真空泵继电器1、2故障	915B00
U011000	与电机控制器通信故障	C11000
U016400	与空调通信故障	C16400
B115C00	充电口电锁故障	915C00

四、认识比亚迪 E5 前舱保险丝盒和仪表板保险丝盒

1. 前舱保险丝盒

前舱保险丝盒的布置如图 3-81 所示。

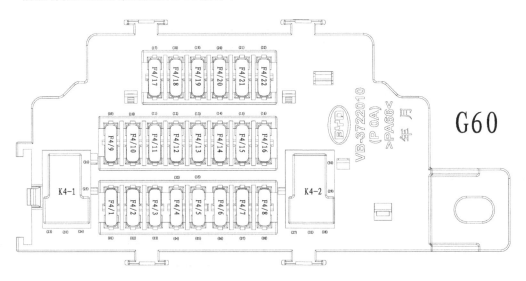

图 3-81　前舱保险丝盒外观

前舱熔断器、继电器规格如表 3-9 所示。

项目三 纯电动汽车的基本构造与维修

表 3-9 熔断器、继电器规格

熔断器

编号	F4/1	F4/2	F4/3	F4/4	F4/5	F4/6	F4/7	F4/8	F4/9	F4/10	F4/11	F4/12	F4/13
规格	10A	15A						20A	30A	20A	7.5A		30A
说明	主控ECU	VTOG	预留	预留	预留	预留	预留	出租车设备ACC电	左EPB	出租车设备常电	充电枪电锁	预留	右EPB

编号	F4/14	F4/15	F4/16	F4/17	F4/18	F4/19	F4/20	F4/21	F4/22
规格	7.5A		15A						
说明	动力电池管理器	预留	P挡电机	预留	预留	预留	预留	预留	预留

继电器

编号	K4-1	K4-2
规格	30A	30A
说明	双路电继电器Ⅱ	出租车设备继电器

2. 仪表板保险丝盒Ⅰ

仪表板保险丝盒Ⅰ如图 3-82 所示。

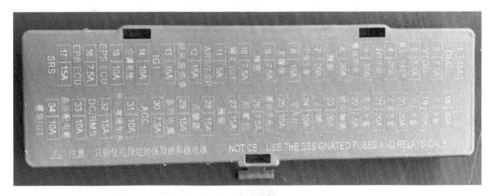

图 3-82 仪表板保险丝盒Ⅰ

仪表熔断器、继电器规格如表 3-10 所示。

表 3-10 熔断器、继电器规格

熔断器

编号	F2/1	F2/2	F2/3	F2/4	F2/5	F2/6	F2/7	F2/8	F2/9	F2/10	F2/11	F2/12	F2/13
规格	15A	7.5A	7.5A	15A	10A	30A	20A	15A	7.5A	7.5A	5A	15A	15A
说明	DLC	VTOG	网关、I-KEY	双路电	模块常电Ⅰ	预留	左前车窗	多媒体	预留	网关IG1	ABS/ESP	前风窗洗涤	IG1
编号	F2/14	F2/15	F2/16	F2/17	F2/18	F2/19	F2/20	F2/21	F2/22	F2/23	F2/24	F2/25	F2/26
规格	10A	10A	7.5A	15A	20A	20A	20A	20A	7.5A	20A	10A	10A	7.5A
说明	空调系统	EPS ECU	EPB ECU	SRS	左后车窗	右后车窗	右前车窗	预留	转向轴锁	门锁	室内灯	模块常电Ⅱ	后雾灯
编号	F2/27	F2/28	F2/29	F2/30	F2/31	F2/32	F2/33	F2/34	F2/35	F2/36			
规格	15A	15A	预留	7.5A	10A	15A	10A	7.5A	30A	30A			
说明	预留	点烟器	预留	ACC	外后视镜加热	DC	高压配电箱	网关双路电	预留	雨刮			

继电器

编号	K2-1	K2-2	K2-4	K2-5
规格	30A	30A	30A	5B-3722100
说明	IG1继电器	ACC继电器	电动车窗继电器	闪光继电器

3. 仪表板配电盒Ⅱ

仪表板配电盒Ⅱ如图 3-83 所示。仪表板熔断器、继电器规格如表 3-11 所示。

图 3-83 仪表板配电盒Ⅱ

表 3-11 熔断器、继电器规格

熔断器

编号	F4/1	F4/2	F4/3	F4/4	F4/5	F4/6	F4/7	F4/8	F4/9	F4/10	F4/11	F4/12	F4/13
规格	10A	15A						20A	30A	20A	7.5A		30A
说明	主控ECU	VTOG	预留	预留	预留	预留	预留	出租车设备ACC电	左EPB	出租车设备常电	充电枪电锁	预留	右EPB

编号	F4/14	F4/15	F4/16	F4/17	F4/18	F4/19	F4/20	F4/21	F4/22
规格	7.5A		15A						
说明	动力电池管理器	预留	P挡电机	预留	预留	预留	预留	预留	预留

继电器

编号	K4-1	K4-2
规格	30A	30A
说明	双路电继电器Ⅱ	出租车设备继电器

五、比亚迪 E5 双路电配电

双路电继电器位置在中控面板后方下面。需要拆卸中控面板检测双路电继电器(见图 3-84)。

图 3-84 双路电继电器

由双路电电路图(见图 3-85)可知(2018 款比亚迪 E5 采用),双路电继电器得电,F2/32 保险丝通电,后续 DC-DC 模块和 BMS 模块通电激活;F2/33 保险丝通电,后续高压配电盒得电;F2/34 保险丝通电,主控 ECU 和 VTOG 水泵得电。双路电继电器在上高压电和充电时都要工作,否则车辆既无法上高压电,也无法进行充电。

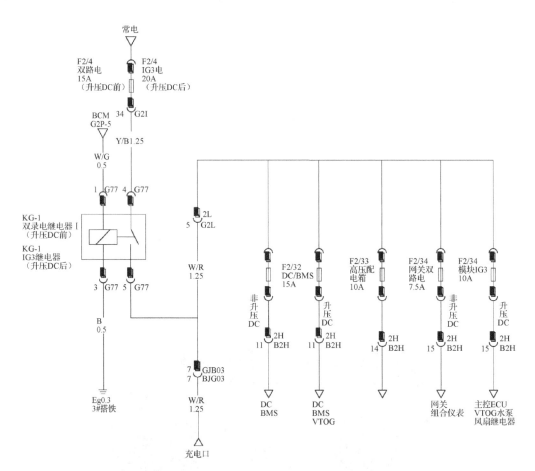

图 3-85 双路电电路图

六、比亚迪 E5 仪表盘

1. 比亚迪 E5 仪表盘和指示灯

比亚迪 E5 仪表盘(见图 3-86)显示车辆的各类信息,包括各类故障报警灯。当车辆发生故障时,仪表盘上都会相应显示,维修车辆需要熟悉新能源汽车特有的故障报警灯和信息提示。

项目三　纯电动汽车的基本构造与维修

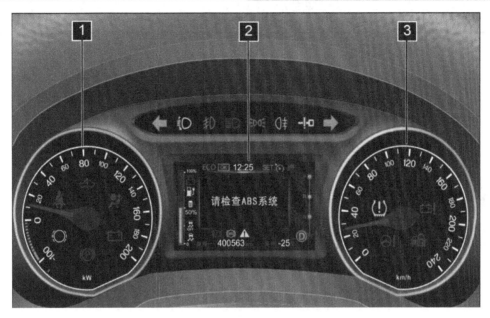

图 3-86　比亚迪 E5 仪表盘

1—功率表；2—信息显示屏；3—车速表

指示灯和报警灯标识如表 3-12 所示。指示灯和应对措施如表 3-13 所示。

表 3-12　指示灯和报警灯标识

标　识	含　义	标　识	含　义
	驻车制动故障警告灯		ESP OFF 警告灯
	驾驶员座椅安全带指示灯		防盗指示灯
	充电系统警告灯		主警告指示灯
	前雾灯指示灯		ECO 指示灯
	后雾灯指示灯		动力电池电量低警告灯
	智能钥匙系统警告灯		动力电池故障警告灯
	ABS 故障警告灯		胎压故障警告灯

续表

标识	含义	标识	含义
	电机冷却液温度过高警告灯		电子驻车状态指示灯
	ESP 故障警告灯		OK 指示灯
	车门状态指示灯		动力系统故障警告灯
	SRS 故障警告灯		动力电池过热警告灯
	EPS 故障警告灯		动力电池充电连接指示灯
	小灯指示灯		巡航主指示灯
	远光灯指示灯		巡航控制指示灯
	转向指示灯		

表 3-13 指示灯和应对措施

指示灯	应对措施
	驻车制动故障警告灯 可能存在的情况：制动液位低、制动系统故障、电子驻车系统故障、真空泵故障
	驾驶员座椅安全带指示灯，驾驶员应系上安全带
	充电系统警告灯，检查低压电源系统
	智能钥匙系统警告灯，检查防盗系统，检查钥匙是否在车内或电池电量是否低
	ABS 故障警告灯，检查 ABS 系统
	SRS 故障警告灯，检查 SRS 系统

续表

指示灯	应对措施
(方向盘!)	EPS 故障警告灯，检查电控动力转向系统
(胎压)	胎压故障警告灯，检查轮胎气压
(ESP)	ESP 故障警告灯，该警告灯闪烁时，ESP 系统工作正常
(ESP OFF)	ESP OFF 警告灯，如果 ESP OFF 警告灯点亮，在紧急转弯以及躲避突然出现的障碍物时，驾驶员务必提高警惕并保持低速行驶
((P))	电子驻车状态指示灯，表示电子驻车已启动
(车门)	车门状态指示灯，检查并确认所有车门均已关闭
(动力系统)	动力系统故障警告灯，检查车辆高压动力系统
(温度)	电机冷却液温度过高警告灯，常亮时表示温度过高，请停车冷却车辆；闪烁时表示冷却液液位低，请及时添加冷却液
(电池过热)	动力电池过热警告灯，该警告灯点亮时应停车使电池冷却
(电池!)	动力电池故障警告灯，检查动力电池包
(电量低)	动力电池电量低警告灯，该警告灯常亮时，请及时给车辆充电
(!)	主警告指示灯，应注意信息显示屏的提示信息

2. 各指示灯的作用

1) 充电系统警告灯

(1) 充电时此灯用于警告充电系统故障。

(2) 放电时此灯用于警告放电系统故障。

(3) 非充/放电时此灯用于警告 DC 模块及启动型铁电池模块的工作状态。

(4) 如果在驾驶中此灯点亮，表示 DC 系统或启动型铁电池系统存在问题。

2) EPS 故障警告灯

EPS 采用电机来减小转动转向盘所需的力量。在以下两种情况中，转向系统警告灯没有点亮，但感觉转向沉重，此现象为非故障模式。

(1) 长时间频繁地原地转动转向盘。

如果长时间频繁地原地转动转向盘，EPS 的效能会降低，以防系统过热，导致在操作转向盘时感到沉重。如果发生这种情况，则应避免频繁转动转向盘或停车将电源挡位退至"OFF"挡，10 min 内系统恢复正常。

(2) 蓄电池亏电。

EPS 最低工作电压为 9V，当蓄电池严重亏电，电压小于 9V 时，EPS 不提供转向助力。此时应检查蓄电池的状况，如有必要，充电或更换蓄电池。

电源挡位退至"OFF"挡，EPS 系统可能会停止助力，故禁止在行驶过程中将电源挡位退至"OFF"挡。如在行驶过程中出现非正常电源挡位退至"OFF"挡，则表示该系统出现故障。

3) 动力系统故障警告灯

当整车电源挡位处于"OK"挡时，此警告灯持续点亮，或在驾驶中此警告灯点亮，整车动力系统发生故障。

4) 动力电池过热警告灯

如果此指示灯点亮，表示动力电池温度太高，须停车降温。

在下列工作条件中，动力电池可能会产生过热现象，例如：

(1) 在炎热的天气进行长时间长途爬坡。

(2) 长时间停停走走的交通状况，频繁急加速、急刹车的状况，或长时间车辆运转得不到休息的状况。

5) 动力电池故障警告灯

当整车电源挡位处于"OK"挡时，此灯点亮。如果动力电池系统工作正常，几秒钟后此灯熄灭。此后，如果系统发生故障，则此灯将再次点亮。

当整车电源挡位处于"OK"挡时，此灯持续点亮或在驾驶中此灯持续或偶然点亮，表示动力电池系统存在故障。

七、比亚迪 E5 能量回收系统认知

比亚迪 E5 的能量回收系统(见图 3-87)主要由动力电池、高压电控总成和驱动电机组成。

制动能量回收路径为：驱动电机—高压电控总成—电池组。

能量回收系统必须满足两个基本条件：

(1) 动力电池电量小于 90%。

(2) 车速大于 30 km/h。

当踩下制动踏板时，驱动电机的转子转速高于电机控制器给予的转速，驱动电机相当于发电机，处于发电状态，电机输出三相交流电给高压电控总成，高压电控总成再把它逆

变成直流电，给动力电池充电。这时，车辆仪表盘的功率表指针指向 0 以下的绿色区域。

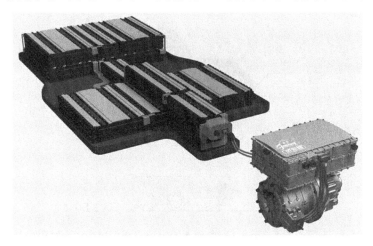

图 3-87　比亚迪 E5 的能量回收系统

八、比亚迪 E5 变速器认知

比亚迪 E5 采用了固定速比的减速器，一级传动比为 3.158，主减速传动比为 2.958，总减速比为 9.342。结构如图 3-88 所示。

图 3-88　比亚迪 E5 变速器

变速器"D"挡传递路线如图 3-89 所示，由输入轴、输出轴和差速器构成。"D"挡前进挡传递路线，驱动电机正转—带动输入轴正转—带动输出轴转动—带动差速器。

"R"挡传递路线和"D"挡一样，驱动电机由电机控制器使其反转。

"N"挡传递路线如图 3-90 所示，车轮带动差速器转动—差速器带动输出轴—输出轴带动输入轴—输入轴带动电机转子转动。

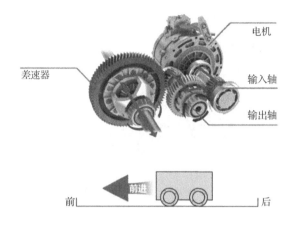

图 3-89 "D"挡传递路线

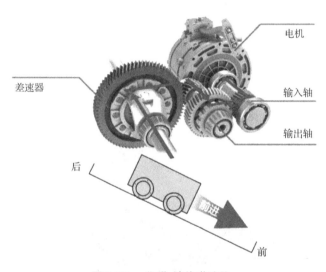

图 3-90 "N"挡传递路线

实训项目一　比亚迪 E5 主接触器及其控制线路故障诊断与排除

一、实训要求

1. 掌握查阅 E5 动力系统维修手册及电路原理图，部分常用电路见附录。
2. 掌握故障诊断与排除的一般流程。

二、项目实施

比亚迪 E5 实车、安全防护套装、万用表、解码仪、维修工具套装。

三、故障诊断与排除

1. 故障现象描述。

仪表盘故障现象	
解码仪故障代码	
解码仪相关数据流	

2. 通过查找维修手册和电路图，完成以下信息。

插接件编号	找出实车所在位置并画出插接件示意图，标注管脚号
B28(B)	
BK45(A)	

3. 根据全车电路拆分出相应的控制电路。

4. 分析产生故障现象可能的原因。

_____
_____
_____
_____
_____
_____
_____
_____

5. 实车检测与排故。

(1) 打开点火开关"ON"位置。

(2) 在线检测 B28(B)24 号端子对地电压。测量结果(　　　　)。

(3) 在线检测 B28(B)32 号端子对地电压。测量结果(　　　　)。

(4) 在线检测 BK45(A)9 号端子对地电压。测量结果(　　　　)。

初步诊断结果：_____

_____

_____

_____

_____

_____

6. 总结讨论诊断结果。

1. 思考如果 B28(B)24 号端子对地电压为 0，后续如何检测。

2. 诊断结论。

实训项目二　比亚迪 E5 无法完成预充故障诊断与维修

一、实训要求

1. 掌握查阅 E5 动力系统维修手册及电路原理图，部分常用电路见附录。
2. 掌握故障诊断与排除的一般流程。

二、项目实施

比亚迪 E5 实车、安全防护套装、万用表、解码仪、维修工具套装。

三、故障诊断与排除

1. 故障现象描述。

仪表盘故障现象	
解码仪故障代码	
解码仪相关数据流	

2. 通过查找维修手册和电路图，完成以下信息。

插接件编号	找出实车所在位置并画出插接件示意图，标注管脚号
B28(B)	

续表

插接件编号	找出实车所在位置并画出插接件示意图,标注管脚号
BK45(A)	
F2/33	

3. 根据全车电路拆分出相应的控制电路。

4. 分析产生故障现象可能的原因。

新能源汽车构造与维修维护

_____
_____
_____
_____
_____
_____
_____
_____

5. 实车检测与排故。

(1) 打开点火开关"ON"位置。

(2) 在线检测 B28(B)24 号端子对地电压。测量结果(　　　　)。

(3) 在线检测 B28(B)29 号端子对地电压。测量结果(　　　　)。

(4) 在线检测 BK45(A)17 号端子对地电压。测量结果(　　　　)。

初步诊断结果：_____
_____
_____
_____
_____
_____

6. 总结讨论诊断结果。

1. 思考如果 F2/33 保险丝对地电压为 0，后续如何检测？还会产生哪些故障？

2. 诊断结论

实训项目三　比亚迪 E5 霍尔信号传感器信号异常故障诊断与维修

一、实训要求

1. 掌握查阅 E5 动力系统维修手册及电路原理图，部分常用电路见附录。
2. 掌握故障诊断与排除的一般流程。

二、项目实施

比亚迪 E5 实车、示波器、安全防护套装、万用表、解码仪、维修工具套装。

三、故障诊断与排除

1. 故障现象描述。

仪表盘故障现象	
解码仪故障代码	
解码仪相关数据流	

2. 通过查找维修手册和电路图，完成以下信息。

插接件编号	找出实车所在位置并画出插接件示意图，标注管脚号
B28(B)	
BK45(A)	

3. 根据全车电路拆分出相应的控制电路。

4. 分析产生故障现象可能的原因。
_____
_____
_____
_____
_____
_____
_____
_____
_____

5. 实车检测与排故。

(1) 打开点火开关"ON"位置。

(2) 在线检测 B28(B)16、17、18 号端子对地电压。测量结果(　　　　　)。

(3) 在线检测 B28(B)32 号端子对地电压。测量结果(　　　　　)。

(4) 在线检测 BK45(A)26、27、19 号端子对地电压。测量结果(　　　　)。

初步诊断结果：_____

_____

_____

_____

6. 总结讨论诊断结果。

1. 练习示波器，测量霍尔传感器输出信号(见图 3-91)

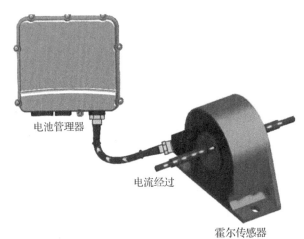

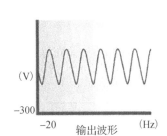

图 3-91

2. 诊断结论

实训项目四 比亚迪E5双路电继电器及其控制线路故障诊断与排除

一、实训要求

1. 掌握查阅 E5 动力系统维修手册及电路原理图，部分常用电路见附录。
2. 掌握故障诊断与排除的一般流程。

二、项目实施

比亚迪 E5 实车、安全防护套装、万用表、解码仪、维修工具套装。

三、故障诊断与排除

1. 故障现象描述。

仪表盘故障现象	
解码仪故障代码	
解码仪相关数据流	

2. 通过查找维修手册和电路图，完成以下信息。

插接件编号	找出实车所在位置并画出插接件示意图，标注管脚号
BK45(B)	

续表

插接件编号	找出实车所在位置并画出插接件示意图，标注管脚号
G77	
F2/4，F2/32，F2/33，F2/34	

3. 根据全车电路拆分出相应的控制电路。

4. 分析产生故障现象可能的原因。

_____
_____
_____
_____
_____
_____
_____
_____
_____
_____

5. 实车检测与排故。

(1) 打开点火开关"ON"位置。

(2) 检测 G77/1、G77/3 号端子对地电压。测量结果(　　　　　)。

(3) 检测 G77/2、G77/4 号端子对地电压。测量结果(　　　　　)。

(4) 检测 F2/4、F2/32、F2/33、F2/34 对地电压。测量结果(　　　　　)。

(5) 双路电继电器检测。测量结果(　　　　　)。

初步诊断结果：_____
_____
_____
_____

6. 总结讨论诊断结果。

1. 思考如果首先测量 BK45(B)1 号端子对地电压为 0V，后续如何快速检测。

2. 双路电继电器线圈回路由哪个模块控制？

3. 诊断结论

实训项目五　比亚迪 E5 电机旋变信号异常故障诊断与维修

一、实训要求

1. 掌握查阅 E5 动力系统维修手册及电路原理图，部分常用电路见附录。
2. 掌握故障诊断与排除的一般流程。

二、项目实施

比亚迪 E5 实车、举升机、安全防护套装、万用表、解码仪、示波器、维修工具套装。

三、故障诊断与排除

1. 故障现象描述。

仪表盘故障现象	
解码仪故障代码	
解码仪相关数据流	

2. 通过查找维修手册和电路图，完成以下信息。

插接件编号	找出实车所在位置并画出插接件示意图，标注管脚号
B28(A)	
B30	

3. 根据全车电路拆分出相应的控制电路。

4. 分析产生故障现象可能的原因。

5. 实车检测与排故。

(1) 关闭点火开关。

(2) 检测 B28(A)59 和 60 号端子之间的电阻。测量结果(　　　　)。

(3) 检测 B28(A)63 和 64 号端子之间的电阻。测量结果(　　　　)。

(4) 检测 B28(A)61 和 62 号端子之间的电阻。测量结果(　　　　)。

(5) 举升车辆,拔下旋变接插件,测量 B30/1、B30/4 之间的电阻。测量结果(　　　　)。

(6) 测量 B30/2、B30/5 之间的电阻。测量结果(　　　　)。

(7) 测量 B30/3、B30/6 之间的电阻。测量结果(　　　　)。

初步诊断结果:_____

_____

_____

_____

_____

6. 总结讨论诊断结果。

1. 用示波器观测正弦和余弦信号。思考通过波形如何判断故障。   2. 诊断结论

实训项目六　比亚迪 E5 高压互锁故障诊断与维修

一、实训要求

1. 掌握查阅 E5 动力系统维修手册及电路原理图，部分常用电路见附录。
2. 掌握故障诊断与排除的一般流程。

二、项目实施

比亚迪 E5 实车、安全防护套装、万用表、解码仪、维修工具套装。

三、故障诊断与排除

1. 故障现象描述

仪表盘故障现象	
解码仪故障代码	
解码仪相关数据流	

2. 通过查找维修手册和电路图，完成以下信息。

插接件编号	找出实车所在位置并画出插接件示意图，标注管脚号
BK45(A)	

续表

插接件编号	找出实车所在位置并画出插接件示意图，标注管脚号
BK45(B)	
KxK51	
PTC 插接件	

3. 根据全车电路拆分出相应的控制电路。

4. 分析产生故障现象可能的原因。

_____
_____
_____
_____
_____
_____
_____
_____
_____
_____

5. 实车检测与排故。

(1)　关闭点火开关。

(2)　检测 BK45(A)-1 脚输出到 PTC-1 脚之间的电阻。测量结果(　　　　)。

(3)　检测 PTC-2 脚到 B28(B)-22 脚之间的电阻。测量结果(　　　　)。

(4)　检测 B28(B) -23 脚到动力电池包 KxK51-14 脚之间的电阻。测量结果(　　　　)。

(5)　检测动力电池包 KxK51-9 脚到 BK45(B)-7 脚之间的电阻。测量结果(　　　　)。

初步诊断结果：_____
_____
_____
_____
_____

6. 总结讨论诊断结果。

1. 思考：以上检测线路全部是通的，如何进一步确定故障范围。

2. 诊断结论

实训项目七　比亚迪 E5 车辆无法交流充电 CC、CP 信号电路故障诊断与维修

一、实训要求

1. 掌握查阅 E5 动力系统维修手册及电路原理图，部分常用电路见附录。
2. 掌握故障诊断与排除的一般流程。

二、项目实施

比亚迪 E5 实车、交流充电桩、安全防护套装、万用表、解码仪、维修工具套装。

三、故障诊断与排除

1. 故障现象描述。

仪表盘故障现象	
解码仪故障代码	
解码仪相关数据流	

2. 通过查找维修手册和电路图，完成以下信息。

插接件编号	找出实车所在位置并画出插接件示意图，标注管脚号
交流充电口	
B28(A)	
B53(B)	
PTC 插接件	

3. 根据全车电路拆分出相应的控制电路。

4. 分析产生故障现象可能的原因。

_____
_____
_____
_____
_____
_____
_____

5. 实车检测与排故。

(1) 关闭点火开关。

(2) 检测 B53(B)-2 脚到充电口 CC 之间的电阻。测量结果(　　　　)。

(3) 检测 B53(B)-1 脚到 B28(A)-47 脚之间的电阻。测量结果(　　　　)。

(4) 检测 B53(B)-2 脚到 B28(A)-13 脚之间的电阻。测量结果(　　　　)。

(5) 检测 B28(A)-19 脚到 BK45(B)-18 脚之间的电阻。测量结果(　　　　)。

(6) 检测 B28(A)-12 脚到车身控制单元 BCM 模块 G2R-17 脚之间的电阻。测量结果(　　　　)。

初步诊断结果：_____

_____

_____

_____

_____

6. 总结讨论诊断结果。

1. 观察：(1) 车辆充电时，给 CC 信号，不给 CP 信号，车辆仪表盘显示什么？

(2) 车辆充电时，给 CP 信号，不给 CC 信号，车辆仪表盘显示什么？

2. 思考：如果充电口 PE 断路，是否可以充电？为什么？

3. 诊断结论

实训项目八　比亚迪 E5 交流充电接触器及控制线路故障诊断与排除

一、实训要求

1. 掌握查阅 E5 动力系统维修手册及电路原理图，部分常用电路见附录。
2. 掌握故障诊断与排除的一般流程。

二、项目实施

比亚迪 E5 实车、安全防护套装、万用表、解码仪、维修工具套装。

三、故障诊断与排除

1. 故障现象描述。

仪表盘故障现象	
解码仪故障代码	
解码仪相关数据流	

2. 通过查找维修手册和电路图，完成以下信息。

插接件编号	找出实车所在位置并画出插接件示意图，标注管脚号
B28(B)	

续表

插接件编号	找出实车所在位置并画出插接件示意图，标注管脚号
BK45(A)	

3. 根据全车电路拆分出相应的控制电路。

4. 分析产生故障现象可能的原因。

_____
_____
_____
_____
_____
_____
_____
_____
_____
_____

5. 实车检测与排故。

(1) 打开点火开关"ON"位置。

(2) 在线检测 B28(B)-25 号端子对地电压。测量结果(　　　　)。

(3) 在线检测 B28(B)-30 号端子对地电压。测量结果(　　　　)。

(4) 在线检测 BK45(A)-33 号端子对地电压。测量结果(　　　　)。

初步诊断结果：_____
_____
_____
_____
_____

6. 总结讨论诊断结果。

1. 如果预充无法完成，车辆是否可以正常充电？是否还需要去检测交流充电接触器及控制线路。

2. 如果正极接触器触点断开,车辆是否可以正常充电?

3. 诊断结论

项目四　普锐斯混合动力电动汽车的构造与检修

【学习目标】

掌握混合动力电动汽车的定义；熟悉混合动力电动汽车的具体分类；掌握丰田普锐斯混合动力电动汽车的结构及特点。

【能力要求】

掌握普锐斯混合动力汽车技术特点，能够对普锐斯混合动力汽车进行常见故障诊断和排故。

任务一 混合动力汽车

一、混合动力汽车的定义

混合动力汽车为新能源汽车的一种,根据国际能源组织(IEA)的有关文献,"能量与功率传送路线"具有如下特点的车辆称为混合动力汽车:

(1) 传送到车轮推进车辆运动的能量,至少来自两种不同的能量转换装置。
(2) 这些能量转换装置至少要从两种不同的能量储存装置吸取能量。
(3) 从储能装置流向车轮的这些通道,至少有一条是可逆的。
(4) 如果可逆的储能装置供应的是电能时,则称作混合动力电动车。

国标《电动汽车术语》(GB/T 19596—2004)对于混合动力电动汽车是这样定义的,至少能从下述两类车载储存的能量中获得汽车动力的汽车:可消耗的燃料、可再充电能/能量储存装置。

二、混合动力电动汽车的分类

1. 按照动力系统结构形式划分

1) 串联式混合动力电动汽车(series hybrid electric vehicle,SHEV)

串联式混合动力电动汽车是指车辆行驶系统的驱动力只来源于电动机的混合动力电动汽车。结构特点是发动机带动发电机发电,电能通过电机控制器输送给电动机,由电动机驱动汽车行驶。另外,动力电池也可以单独向电动机提供电能驱动汽车行驶。

2) 并联式混合动力电动汽车(parallel hybrid electric vehicle,PHEV)

并联式混合动力电动汽车是指车辆行驶系统的驱动力由电动机及发动机同时或单独供给的混合动力电动汽车。结构特点是并联式驱动系统可以单独使用发动机或电动机作为动力源,也可以同时使用电动机和发动机作为动力源驱动汽车行驶。

3) 混联式混合动力电动汽车(combined hybrid electric vehicle,CHEV)

混联式混合动力电动汽车是指具备串联式和并联式两种混合动力系统结构的混合动力电动汽车。结构特点是可以在串联混合模式下工作,也可以在并联混合模式下工作,同时兼顾了串联式和并联式的特点。

2. 按照混合度划分

1) 微混合型混合动力电动汽车(micro hybrid electric vehicle)

微混合型混合动力电动汽车是指以发动机为主要动力源,不具备纯电动行驶模式的混合动力电动汽车。只具备停车怠速停机功能的混合动力电动汽车是一种典型的微混合模式。一般情况下，电动机的峰值功率和发动机的额定功率比≤5%。

2) 轻度混合(弱混合)型混合动力电动汽车(mild hybrid electric vehicle)

轻度混合(弱混合)型混合动力电动汽车是指以发动机为主要动力源，电动机作为辅助动力，在车辆加速和爬坡时，电动机可向车辆行驶系统提供辅助驱动力矩，但不能单独驱动车辆行驶的混合动力电动汽车。一般情况下，电动机的峰值功率和发动机的额定功率比为5%～15%。

3) 中度混合型混合动力电动汽车(moderate hybrid electric vehicle)

中度混合型混合动力电动汽车是指以发动机和/或电动机为动力源的混合动力电动汽车。一般情况下，电动机的峰值功率和发动机的额定功率比为15%～40%。

4) 重度混合(强混合)型混合动力电动汽车(full hybrid electric vehicle)

重度混合(强混合)型混合动力电动汽车是指以发动机和/或电动机为动力源，且电动机可以独立驱动车辆行驶的混合动力电动汽车。一般情况下，电动机的峰值功率和发动机的额定功率比>40%。

3. 按照行驶模式的选择方式划分

1) 有手动选择功能的混合动力电动汽车(hybrid electric vehicle with selective switch)

有手动选择功能的混合动力电动汽车是指具备行驶模式手动选择功能的混合动力电动汽车。车辆可选择的行驶模式包括热机模式、纯电动模式和混合动力模式三种。

2) 无手动选择功能的混合动力电动汽车(hybrid electric vehicle without selective switch)

无手动选择功能的混合动力电动汽车是指不具备行驶模式手动选择功能的混合动力电动汽车。车辆的行驶模式根据不同工况自动切换。

另外，还可以按照车辆用途划分：混合动力电动乘用车(hybrid electric passenger car)、混合动力电动客车(hybrid electric bus)、混合动力电动货车(hybrid electric goods vehicle)，随着混合动力电动汽车技术的发展，其类型不局限于以上几种，还可按照其他形式划分。

三、普锐斯混合动力电动汽车的特点

1997年，丰田首次推出普锐斯混合动力电动汽车系统THS(Toyota hybrid system)，普锐斯混合动力系统是采用两种动力通过混联式混合的动力系统，丰田的THS混合动力系统从初代Prius开始，到现在已经发展至第四代THS-IV。THS系统基本上用于丰田所有的混合动力汽车，包括丰田和雷克萨斯的所有混合动力车型都会使用这套系统，如Prius、CT200h、各种双擎，乃至LC500H。

丰田的THS系统具有三个动力源，汽油发动机(ICE)通过一枚单向离合器连接中间的行星齿轮架，行星齿轮架上的齿轮组则直接和太阳齿、外侧齿圈连接。行星齿轮在行星齿轮架上自由转动。1号电机(MG1)连接中间的太阳齿，2号电机(MG2)连接外侧齿圈。两个电机在被动转动的时候均可以当作发电机为电池充电。外侧的MG2直接和输出终端连接，因此其转速和轮上转速直接相关。MG1则同时作为汽油机的起动机使用，因此和传统汽油机不同，并不需要单独设置启动装置。这就是整套E-CVT的组成部分。可以看到虽然同样称为CVT，但实际上其传动组件只有一组PSD，和传统使用钢带或者链条的CVT变速箱并不一样。整个变速过程，就和两个电机和发动机的转速有关。发电机、电动机和高压电池之间使用一个交直流变频器负责当中的充放电和能量转换的控制。

其中，MG2主要用于驱动车辆，而MG1主要用于启动INS、发电和协调MG2/INS之间的转速关系而输出目标扭矩(即尽量让发动机的转速维持在最高能效转速范围内，为1500~2000 r/min)。行星齿轮机构(见图4-1)中整套行星齿轮减速比约是1∶2.6，即在MG1转2.6圈的时间内MG2只能转1圈。

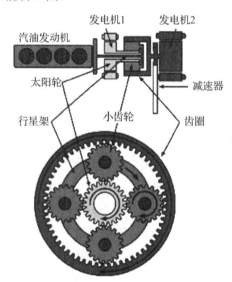

图4-1　行星齿轮机构

第一代丰田混合系统就以E-CVT的方式，放弃了原来的传统变速箱结构，为混合动力带来一种新概念的变速箱理论。

第二代普锐斯混合动力电动汽车(图4-2)使用了第二代的丰田混合动力系统THS Ⅱ，E-CVT部分除了提高效率外都是以小调节为主，并没有太大的改动。传动依然是使用链条，引擎依然维持1.5L的1NZ-FXE。不过整个运算系统和逻辑即重新计算，引擎的燃效也获得提高。除了普锐斯，也搭载在Toyota Alphard Hybrid、Toyota Highlander/Kluger Hybrid和Toyota Estima Hybrid等车型上。

第三代THS系统进行了较大的变革。首先发动机从1.5 L的1NZ-FXE改为1.8 L的2ZR-FXE，更大的马力和扭矩提供了更好的动力性能。其次这套系统采用了两个电机MG1

和MG2，将MG1的转速设定为影响整套系统性能的主要部件。除此之外，在MG2增加了一组行星减速齿轮，以降低MG2和MG1的转速差，使得纯电模式的行驶速度可以更高，能耗也更合理。而MG1和MG2体积也得以缩小，从而缩小整个E-CVT变速箱的体积。另外，由于MG2已经有一级减速比，因此第二代上采用的链条传动改为齿轮传动，传动损耗更小，节能效果更加明显。

图4-2　第二代普锐斯混合动力电动汽车

THS Ⅲ也是国内普遍采用的丰田混合动力系统。除了第三代普锐斯和雷克萨斯CT200h以外，雷凌双擎、卡罗拉双擎也是使用这套THS Ⅲ混合动力系统。如图4-3所示为THS Ⅱ和THS Ⅲ驱动桥的区别。

(a) THS Ⅱ驱动桥　　　　　　　　(b) THS Ⅲ驱动桥

图4-3　THS Ⅱ和THS Ⅲ驱动桥的区别

第四代THS Ⅳ系统是目前最新的丰田混合动力系统，暂时只使用在最新一代普锐斯上。THS Ⅳ和上三代相比，最大的区别就是原来的电机属于串联结构，现在则变成了平衡轴结构。而转换成此结构的目的除了让整个变速箱更小以外，也是用这种传统减速齿轮的方式代替上一代THS Ⅲ中MG2的行星齿轮减速结构。这样变速箱整体尺寸更小，部件更少，摩擦更小，整体能效上升，且依然能保证对MG1的减速效果。

任务二　普锐斯混合动力电动汽车系统

一、普锐斯混合动力电动汽车系统的组成

丰田 THS-Ⅱ混合动力系统工作方式简单介绍

丰田混合动力汽车的动力中枢是丰田混合动力系统，它使用汽油机和电动机两种动力，通过串联与并联相结合的方式进行工作，达到了低排放的效果。普锐斯装备了丰田公司开发的油电混合动力系统，该系统将汽油发动机与电动机组合，在保证燃油经济性和环保性能的前提下，也实现了动力性，并具有舒畅的驾驶乐趣和良好的静谧性，其主要部件位置如图 4-4 所示。

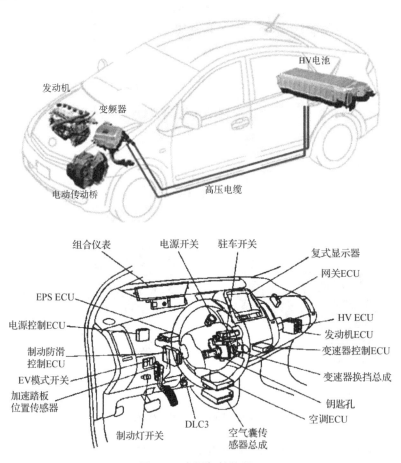

图 4-4　主要部件位置

1. 丰田普锐斯混合动力车辆(HV)变速驱动桥

丰田普锐斯混合动力车辆(HV)变速驱动桥由发电机(MG1)、电动机(MG2)和行星齿轮组组成，如图 4-5 所示。

(1) 发电机(MG1)通过发动机带动其旋转产生高压电,以驱动电动机(MG2)或为 HV 蓄电池充电。同时,它还可以作为启动机启动发动机。

(2) 电动机(MG2)由发电机(MG1)或 HV 蓄电池的电能驱动,产生动力,驱动车辆行驶。制动期间或制动踏板未被踩下时,它产生电能为 HV 蓄电池再次充电(再生制动控制)。

(3) 行星齿轮组通过组合,以最佳的比例分配发动机驱动力来直接驱动车辆和发电机。

图 4-5　发电机(MG1)和电动机(MG2)

2. HV 蓄电池

在混合动力汽车处于起步、加速和上坡工况时,HV 蓄电池(见图 4-6)能够将电能提供给电动/发电机,整个 HV 蓄电池位于汽车后排座椅后部横梁上。另外,混动车还具有低压蓄电池 ECU,用来监控 HV 蓄电池的充放电状态。

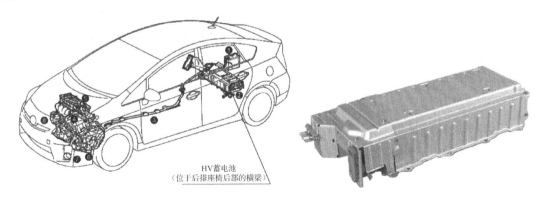

图 4-6　HV 蓄电池

3. 变频器总成

此设备用于将高压直流电(DC)(HV 蓄电池)转换为交流电(AC),反之则将 AC 转换为 DC。该总成包括增压转换器、DC-DC 转换器和空调变频器。

(1) 增压转换器将 HV 蓄电池的最高电压从 DC 201.6 V 升压到 DC 500 V，反之亦然(从 DC 500 V 降压到 DC 201.6 V)。

(2) DC-DC 转换器将最高电压从 DC 201.6 V 降压转换为 DC 12 V，为车身电气组件供电以及为备用蓄电池再次充电(DC 12 V)。

(3) 空调变频器总成(见图 4-7)，将 HV 蓄电池的额定电压 DC 201.6 V 转换为 AC 201.6 V，为空调系统中的电动变频压缩机供电。

图 4-7 空调变频器总成

4. HV-ECU

HV-ECU 接收每个传感器及 ECU(发动机 ECU、蓄电池 ECU、制动防滑控制 ECU 和 EPS ECU)的信息进行处理，根据这些信息计算所需的转矩和输出功率，并将计算结果发送给发动机 ECU、变频器总成、蓄电池 ECU 和制动防滑控制 ECU。

5. 发动机 ECU

发动机 ECU 根据接收的来自 HV-ECU 的发动机目标转速和所需的发动机动力信息，启动 ETCS-i 智能电子节气门控制系统，发动机和变速箱总成如图 4-8 所示。

6. 制动防滑控制 ECU

制动防滑控制 ECU 控制电动/发电机产生的再生制动并控制液压制动，使总制动力等于仅配备液压制动的传统车辆。同样，制动防滑控制 ECU 照常进行制动系统控制(带 EBD 的 ABS、制动辅助和 VSC)。

项目四　普锐斯混合动力电动汽车的构造与检修

图 4-8　发动机和变速箱总成

7. 部分传感器

混合动力汽车工作还需要部分关键的传感器，其中，加速踏板位置传感器用来将加速踏板角度转换为电信号并输出到 HV ECU。挡位传感器是将挡位转换为电信号并输出到 HV ECU。SMR(系统主继电器)用来自 HV ECU 的信号连接或断开蓄电池和变频器总成间的高压电路。互锁开关(用于变频器盖和检修塞)用来确认变频器盖和检修塞均已安装到位。断路器传感器，如果检测到车辆发生碰撞，立即切断高压电路。

8. 检修塞

在检查或维修车辆时，要拆下检修塞(见图 4-9)，以关闭 HV 蓄电池高压电路，特别注意在拆卸过程中要严格按照操作规范佩戴绝缘手套。

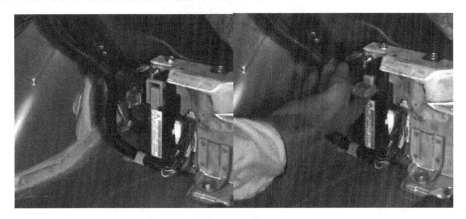

图 4-9　检修塞

二、阿特金森(Atkinson)循环发动机

1. 发动机特点

丰田发动机大致包含 AZ 系列、GR 系列、NZ 系列、ZR 系列等型号的发动机。丰田发动机编号中第一个阿拉伯数字代表该系列发动机的缸体设计的序列(同系列的第一款缸体设计为 1，第二款缸体设计为 2，以此类推)。发动机编号中破折号相连的后缀大写英文字母则代表了该款发动机的技术特性，其中常见的字母标识有：E—电子燃油喷射；X—阿特金森循环；F—窄气门夹角双顶置凸轮轴布置；G—宽气门夹角双顶置凸轮轴布置；Z—机械增压发动机；T—涡轮增压发动机。

第二代普锐斯系统(见图 4-10)，包含高压蓄电池、发动机、变频器、行星齿轮组、电动机(MG2)等。采用了图 4-11 所示 1NZ-FXE 发动机，采用阿特金森循环，具有较高的热效率(膨胀比)。1NZ-FXE 发动机参数如表 4-1 所示。

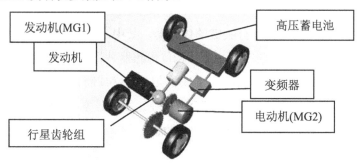

图 4-10 第二代普锐斯系统

图 4-11 1NZ-FXE 发动机

表 4-1 1NZ-FXE 发动机参数

项 目	1NZ-FXE
气缸数和排列	4缸，直列
气门机构	16 气门 DOHC 链传动机构(带 VVT-i)

续表

项　目		1NZ-FXE
排量		1497cm^3
缸径×行程		75.0mm×84.7mm
压缩比		13.0
最大输出功率	SAE-NET	57kW@5000r/min
	EEC	57kW@5000 r/min
最大扭矩	SAE-NET	111N·m
	EEC	115 N·m

在第三代普锐斯发动机中,将 1.5 L 的 1NZ-FXE 发动机(见表 4-1)改为 1.8 L 的 2ZR-FXE 发动机,并在第四代普锐斯继续沿用。对第四代普锐斯的 2ZR-FXE 进行了改进,采用了各种提高燃油效率的技术来改善燃烧特性,减少爆燃优化热管理,如图 4-12 所示。由于采用了这种注重细节的方法来提高燃油效率,这款发动机成为世界上首款最高热燃烧效率达到 40%的汽油机。

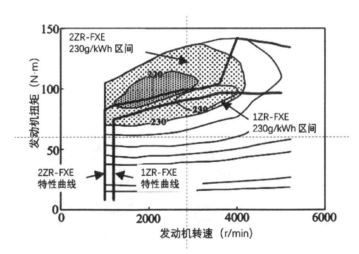

图 4-12　发动机特性曲线对比

第四代普锐斯采用的 2ZR-FXE 发动机针对进气道形状进行了优化,并同时修改了活塞顶部的形状,降低对滚流气流的干扰,优化排气歧管长度增强扫气性能,更好地抑制爆燃,降低缸内废气的存留量。第四代和第三代对比参数如表 4-2 所示。

表 4-2　发动机主要技术规格

项　目	参　数	
发动机型号	第四代普锐斯 2ZR-FXE	第三代普锐斯 2ZR-FXE
气缸形式	直列 4 缸	直列 4 缸
排量/L	1.797	1.797

续表

项　目	参　数	
缸径/mm	80.5	80.5
行程/mm	88.3	88.3
压缩比	13	13
最大功率/kW	71(5200 r/min)	73(5200 r/min)
最大扭矩/(N·m)	142(3600 r/min)	142(4000 r/min)
最高热效率/%	40	38.5

2. 发动机构成

2ZR-FXE 发动机电控系统组成如图 4-13 所示，其结构如图 4-14 所示，燃油供给系统采用无回流燃油系统，使用 12 孔型喷油器；点火系统采用 DIS 直接点火系统，使用了加长型铱尖火花塞；排放控制系统采用直流电动机 EGR 阀、水冷 EGR 冷却器、2 个 TWC 三元催化转换器和燃油蒸汽排放控制系统。发动机控制系统主要有 MRE(磁阻元件)型 VVT 传感器、ETCS-i(智能电子节气门控制系统)、制动超控系统等。

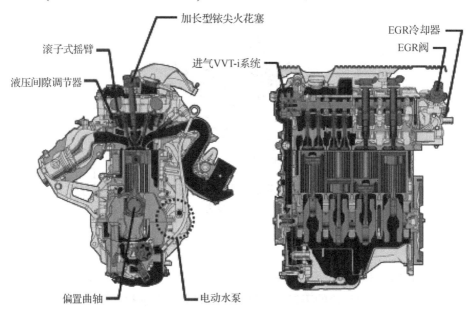

图 4-13　2ZR-FXE 发动机电控系统组成

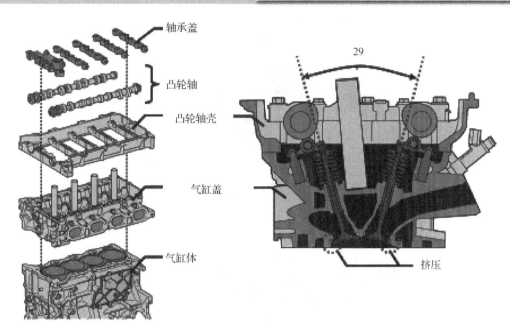

图 4-14　2ZR-FXE 发动机结构

任务三　主要部件的功能及工作原理

一、MG1 和 MG2 驱动桥

丰田 direct shift CVT

1. 功用

MG1(1 号电动机/发电机)和 MG2(2 号电动机/发电机)均为高效的交流永磁铁同步型电动机,如图 4-15 所示。在必要时,这些发电机作为辅助动力源为发动机提供辅助动力,使车辆达到优秀的动态性能,其中包括平稳地起步和加速;启动再生制动后,MG2 将车辆动力转换为电能并储存在 HV 蓄电池中,MG1 为 HV 蓄电池重新充电并为 MG2 供电;此外,通过改变发电机的转速调节发电量,MG1 有效地控制变速驱动桥的连续可变变速器的功能。MG1 同样作为启动机启动发动机。系统新增添了配备有水泵的 MG1 和 MG2 冷却系统,如图 4-16 所示。丰田新旧车型中 MG1、MG2 的规格变化见表 4-3、表 4-4。

图 4-15 MG1 和 MG2

1—MG1；2—MG2

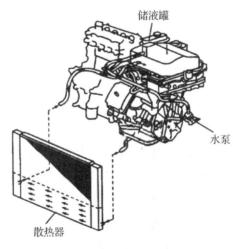

图 4-16 MG1/MG2 冷却水泵

表 4-3 发动机(MG1)参数

项 目	新车型	旧车型
类型	永磁铁同步交流电动机	永磁铁同步交流电动机
功能	发电机、发动机启动机	发电机、发动机启动机
最高电压/V	AC 500	AC 273.6
冷却系统	水冷	水冷

表4-4　电动机(MG2)参数

项　目	新车型	旧车型
类型	永磁铁同步交流电动机	永磁铁同步交流电动机
功能	发电机、驱动车轮	发电机、驱动车轮
最高电压/V	AC 500	AC 273.6
最大输出功率/kW	50(1200～1540)	33(1040～5600)
最大转矩/N·m	400(0～1200)	350(0～1200)
冷却系统	水冷	水冷

2. 永磁铁电动机

永磁铁电动机(见图4-17)，在三相交流电经过定子线圈的三相绕组时，电动机内产生旋转磁场。通过以转子的旋转位置和转速控制旋转磁场，使转子中的永磁铁受到旋转磁场的吸引产生扭矩，产生的扭矩可用于电流相匹配的所有用途，通过改变交流电的频率可以控制电动机的转速。此外，通过对旋转磁场和转子磁铁的角度做适当的调整可以产生较大的扭矩和较高的转速。

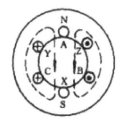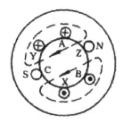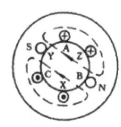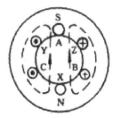

图4-17　永磁铁电动机

在THS-Ⅱ系统中，MG1更加强劲的转子使可输出的最大转速从6500 r/min提升到10000 r/min，使充电能力得到了提高。通过优化结构，MG2转子内的永磁铁变为V形结构，使扭矩和输出功率增大，功率输出比旧款普锐斯提高了50%，在现有的低速和高速控制方法基础上，在MG2的中速范围内采用了新研制的调控系统。通过改进脉冲宽率调谐方法，中速范围内的输出功率提高了约30%。

3. 转速传感器

转速传感器又叫解角传感器或旋变传感器。该传感器结构紧凑，并具有很高的稳定性，可精确地检测到磁极位置，对有效控制MG1和MG2起到了非常重要的作用。

如图4-18所示，转速传感器/解角传感器的定子包含3个线圈，输出线圈B和线圈C相位差90°。由于转子是椭圆的，定子和转子间的距离随转子的旋转发生变化。这样，交流电通过线圈A后，与传感器转子位置相对应的信号由线圈B和C产生。然后，从这些信号的差异中可检测到其绝对位置,此外,在单位时间内的位置变化量由 HV ECU 计算,使这个传感器起到转速传感器的作用。

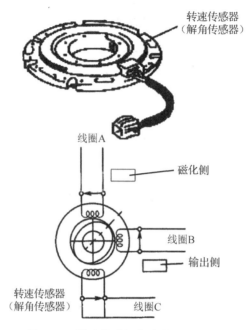

图 4-18 转速传感器/解角传感器结构

二、变频器

1. 功能

HV 蓄电池的高压直流电由变频器(图 4-19)转换为三相交流电来驱动 MG1 和 MG2,功率晶体管的启动由 HV ECU 控制。此外,变频器将用于电流控制(如输出电流或电压)的信息传输到 HV ECU。变频器系统如图 4-20 所示。变频器和 MG1、MG2 一起,由与发动机冷却系统分离的专用散热器冷却。

2. 组成

变频器内部由增压转换器、逆变整流器、直流转换器组成,增压转换器可将 HV 蓄电池 DC 201.6 V 的额定电压升压到 DC 500 V,亦可将 DC 201.6 V 降压至 DC 12 V,图 4-21 为 MG1、MG2 进行变频工作,图 4-22 为空调压缩机变频工作。电压提升后,变频器将直流电转换为交流电。MG1、MG2 桥电路(每个包含 6 个功率晶体管)和信号处理/保护功能处理器已集成在 IPM(智能动力模块)中以提高车辆性能。变频器总成中的空调变频器为空调系统中的电动变频压缩机供电,变频器散热器和发动机散热器集成为一体,更加合理地利用了发动机舱内的空间。

项目四 普锐斯混合动力电动汽车的构造与检修

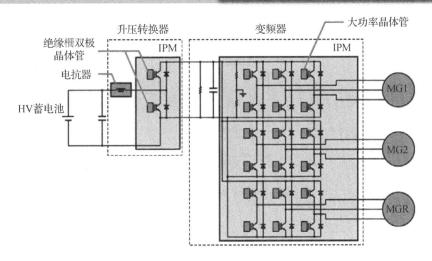

THS-Ⅱ结构（变频器）
- 变频作用
  直流⟷交流高电压
- 变压作用
  直流200V升至
  直流500V
- 直流–直流转换
  直流200V降至
  直流12V
- A/C变频器
  DC→AC 驱动
  A/C压缩机

图 4-19 变频器总成

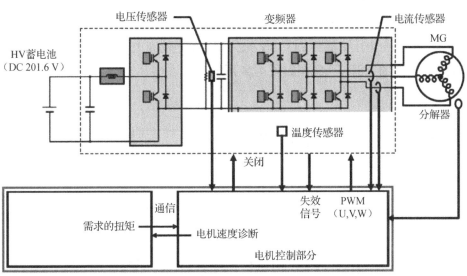

图 4-20 变频器系统

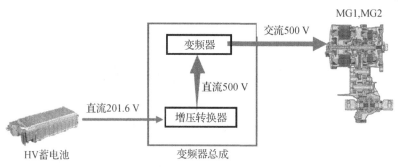

图 4-21 MG1、MG2 进行变频工作

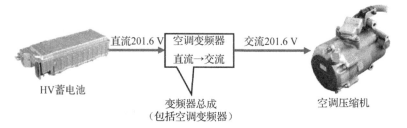

图 4-22 空调压缩机变频工作

三、DC-DC 转换器

车辆的辅助设备，如车灯、音响系统、空调系统(除空调压缩机)和 ECU 等，这些都是由 DC 12V 的供电系统供电的，由于 THS-Ⅱ发电机输出额定电压为 DC 201.6 V，因此，需要使用转换器将这个电压降低到 DC 12 V 来为备用蓄电池充电，如图 4-23 所示。DC-DC 转换器安装于变频器的下部，系统图如图 4-24 所示。

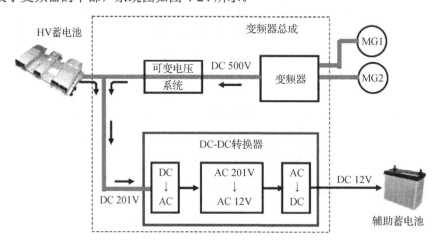

图 4-23 辅助蓄电池提供电量

项目四 普锐斯混合动力电动汽车的构造与检修

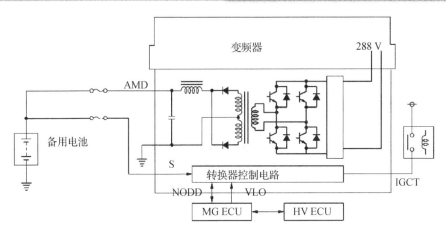

图 4-24 DC-DC 转换控制电路位置图

四、HV 蓄电池

普锐斯的 HV 蓄电池采用全密封镍混合动力(Ni-MH)蓄电池,这种 HV 蓄电池具有高能、重量轻,配合 THS-Ⅱ 系统特征使用时间较长等特点。车辆正常工作时,由于 THS-Ⅱ 系统通过充电/放电来保持 HV 蓄电池 SOC(充电状态)为恒定数值,因此,车辆不依赖外部设备来充电。

如图 4-25 所示,HV 蓄电池、蓄电池 ECU 和 SMR(系统主继电器)集中在一个信号箱内,位于后座的行李箱中,这样可更有效地使用车内空间,在信号箱中还包含一个检修塞,用于在必要时切断电源,维修高压电路的任何部分时,切记将此塞拔下,充电/放电时,HV 蓄电池会散发热量,为保护蓄电池的性能,蓄电池 ECU 控制冷却风扇工作,辅助散热。

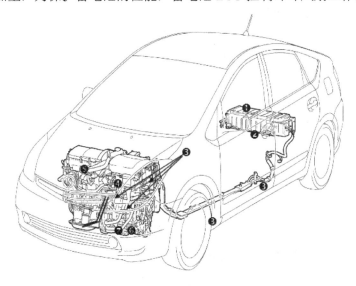

图 4-25 HV 蓄电池位置

在表 4-5 和表 4-6 中不难发现，THS-Ⅰ系统的 HV 蓄电池有 228 个单电池，(1.2 V×6 单电池)×38 模块，额定电压为 DC 273.6 V。相比之下，THS-Ⅱ系统的 HV 蓄电池有 168 个单电池，(1.2V×6 单电池)×28 模块，额定电压为 DC 201.6 V。通过这些内部改进，蓄电池具有紧凑、重量轻的特点。THS-Ⅰ系统中，HV 蓄电池电瓶间为单点连接，而新车型中的蓄电池电瓶间为双点连接，这样可以减小蓄电池的内部电阻，HV 蓄电池总成如图 4-26 所示。

表 4-5 普锐斯电池包参数对比

名称	电压值	形式	电池质量	时间	整车质量
第一代 NHW10	288 V	镍氢电池组	76 kg	1997—2001 年	
第一代 NHW11	274 V	镍氢电池组	45 kg	2001—2003 年	
第二代 NHW20	201.6 V	镍氢电池组	39 kg	2004—2009 年	
第三代 ZVW30	201.6 V	镍氢电池组	41 kg	2009 年至今	
PHEV-ZVW35	345.6 V	锂离子电池组	50 kg	2012 年至今	1420 kg

表 4-6 普锐斯电池包结构对比

名称	电池包结构
第一代 NHW10	单个电池组的电池数量 228 个电池单元，采用镍氢电池组
第一代 NHW11	单个电池组的电池数量 228 个电池单元，采用镍氢电池组
第二代 NHW20	单个电池组的电池数量 168 个电池单元，采用镍氢电池组
第三代 ZVW30	单个电池组的电池数量 168 个电池单元，采用镍氢电池组
PHEV-ZVW35	单个电池组的电池数量 56 个电池单元，采用锰酸锂电池组

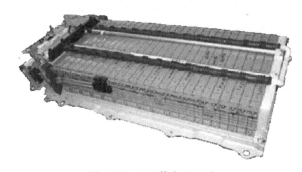

图 4-26 HV 蓄电池总成

五、HV 蓄电池模块

THS-Ⅰ系统中，HV 蓄电池单电池间为单点连接，接点在电瓶上部，而新车型中的蓄电池单电池间为双点连接，新增的点在电池下部，这样可以有效地降低蓄电池的内部接触电阻，如图 4-27 所示为新车型和旧车型 HV 蓄电池模块结构。

项目四 普锐斯混合动力电动汽车的构造与检修

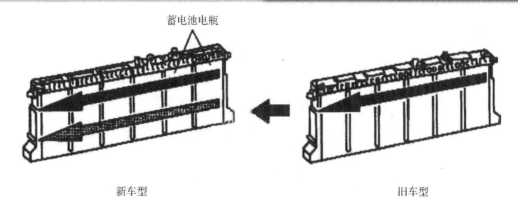

图 4-27 新、旧 HV 蓄电池模块结构

六、检修塞

在检查或维修前应拆下检修塞，确保 HV 蓄电池中部的高压电路被切断，以保证维修期间人员的安全，检修塞总成包括互锁的导线开关。如图 4-28 所示，将卡框翻起，关闭导线开关，进而切断 SMR。为保证安全，在拔下检修塞前一定要关闭点火开关。高压电路的主熔断器位于检修塞总成的内部。

图 4-28 检修塞

七、HV 蓄电池冷却系统

HV 蓄电池重复充电/放电时会产生热量，为确保其正常工作，车辆为 HV 蓄电池配备了专用的冷却系统，如图 4-29 所示，行李箱右侧的冷却风扇可以通过后排座椅右侧的进气口

吸入车内空气，而后，从蓄电池顶部右侧进入的空气从上到下流经蓄电池模块并将其加以冷却。然后，空气流经排气管和车内，最终排到车外，HV 蓄电池冷却系统规格见表 4-7。冷却风扇的工作由蓄电池 ECU 来控制，蓄电池 ECU 根据 HV 蓄电池内部三个蓄电池温度传感器和进气温度传感器给出的信号将 HV 蓄电池温度控制在合理的范围。

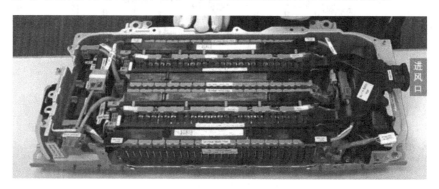

图 4-29　HV 蓄电池冷却系统

表 4-7　MG1 和 MG2 冷却系统规格

水　泵	排放量/(L/min)		10 或更高(65℃)
冷却液	容量/L		2.7
	类型		丰田纯牌超级长效冷却液(SLLC)
	颜色		粉红
	维护时间间隔	第一次	160000 km(100000 m)
		以后	每 80000 km(50000 m)

八、辅助蓄电池

普锐斯混合动力汽车采用 12V 的免维护辅助蓄电池，如图 4-30 所示。该蓄电池主要给大灯、音响和其他附件及所有 ECU 供电，该电池使用免维护的直流 12V 屏蔽电池，与传统汽车蓄电池类似，电池接地到汽车的金属车架，通过一个管与外界空气通风，需要注意的是，该电池对高压非常敏感，给辅助蓄电池充电时，要用丰田专用充电器，普通充电器没有专用的电压控制，有可能造成电池损坏，在充电时，应将电池从车上拆下。如果有两周以上时间不使用汽车，应断开 12V 电池，防止它放电。

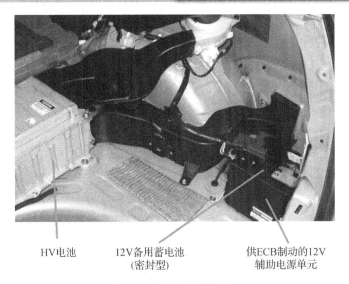

HV电池　　12V备用蓄电池　　供ECB制动的12V
　　　　　（密封型）　　　辅助电源单元

图 4-30　12V 辅助蓄电池

蓄电池中的分离器将蓄电池液过滤，以减少在充电时释放的氢气，因此只要使用规定的蓄电池，蓄电池液就无须更换，与其他车辆一样，如果由于某种原因蓄电池无电，则需要跨接启动，可以打开后备厢，将跨接线直接接到蓄电池上，跨接启动方法如图 4-31 所示，按照图中数字顺序所示，连接一个 12V 的充满电的电池，之后将普锐斯钥匙插入启动位置，当普锐斯的发动机运行时，将跨接电池按照连接顺序相反的顺序断开。应注意如通过发动机舱内接线柱进行跨接启动，应按照图 4-32 所示 a—b—c—d 的顺序依次进行连接。

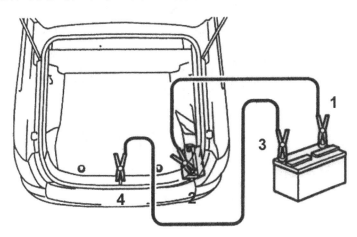

图 4-31　12V 备用蓄电池跨接启动方法

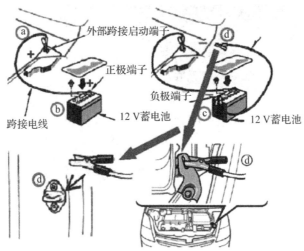

图 4-32 发动机舱跨接顺序

九、高压电缆

高压电缆将变频器与 HV 蓄电池、MC1、MC2 以及空调压缩机等部件相连，传输高电压、高电流。电缆一端接在行李箱中 HV 蓄电池的左前连接器上，而另一端从后排座椅下经过，穿过地板沿着地板下加强件一直连接到发动机舱中的变频器，高压电缆如图 4-33 所示。这种屏蔽电线可减少电磁干扰，备用蓄电池的 DV 12 V(+)配线排布与上述电线相同。

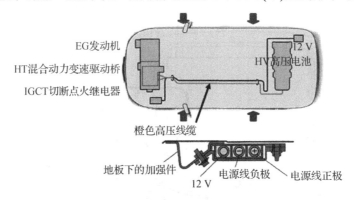

图 4-33 高压电缆

任务四　THS 系统工作原理

THS 系统简介

一、概念

THS 系统中主要包含发动机、电动式传动车桥、变频式转换器、HV 蓄电池等。该系统遵循着自然界中的能量守恒定律，最大限度地减少全车整体的能量损失。主要有以下两个原因：①发动机的动力系统能在最佳的工况下工作，因此能够更有效地应用来自汽油的能量。②在减速和刹车过程中，能够将再生能量存储到 HV 蓄电池中。在驾驶 Prius 时，只正常使用汽油即可，而不需要对车辆进行如充电等的其他作业。

二、工作状态

根据行驶条件的不同，汽车在稳定运行过程中，可能处于以下工作状态，最大限度地适应车辆的行驶状况。

(1) 电动机(MG2)接收来自 HV 蓄电池的电能，以驱动车辆，HV 蓄电池作为输出如图 4-34 所示。

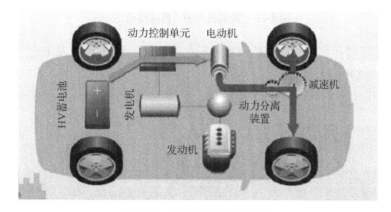

图 4-34　HV 蓄电池作为输出

(2) 发动机通过行星齿轮驱动车辆时，发电机(MG1)由发动机通过行星齿轮带动旋转，为电动/发电机提供产生的电能，发动机驱动车轮如图 4-35 所示。

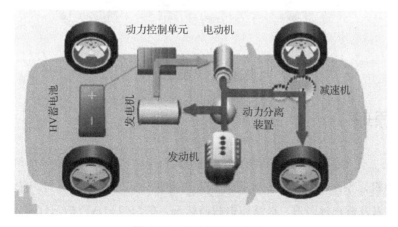

图 4-35　发动机驱动车轮

(3) 发电机(MG1)由发动机通过行星齿轮带动旋转，为 HV 蓄电池充电，如图 4-36

所示。

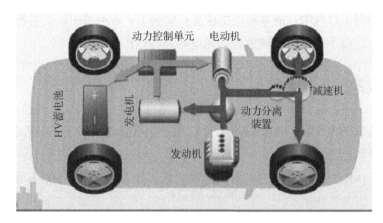

图 4-36 发动机为 HV 蓄电池充电

(4) 车辆减速时，车轮的动能被回收并转化为电能，通过电动/发电机为 HV 蓄电池再次充电，如图 4-37 所示。

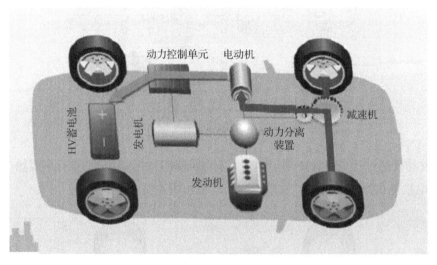

图 4-37 动能回收

三、工作原理

THS-II(第二代丰田混合动力系统)使用发动机和电动机(MG2)提供的两种动力，并使用 MG1 作为发电机，系统根据各种车辆行驶状况自动优化组合这两种动力。HV ECU 始终监控 SOC 状况，以及蓄电池温度、水温和电载荷状况，在"READY"指示灯亮，车辆处于"P"挡或车辆倒车时，如果监视项目符合条件，HV ECU 就会发出指令，启动发动机，驱动发电机(MG1)，并为 HV 蓄电池充电。

车辆行驶状况分析 THS-Ⅱ 系统的工作原理，说明 THS-Ⅱ 系统是如何控制发动机、MG1 和电动机(MG2)来驱动汽车的。

在图 4-38 中，A 表示仪表板上 "READY" 灯点亮车辆处于怠速状态，此时发动机未工作；B 表示车辆处于启动工况；C 表示车辆处于轻负载下进行的加速工况，节气门开度较小，当车辆需要更多动力时，MG1 则启动发动机；D 表示小负荷巡航行驶工况；E 表示节气门全开，车辆处于较大负载下的加速工况；F 表示车辆处于减速行驶工况；G 表示倒车。

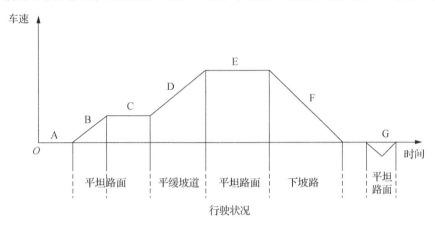

图 4-38　车辆行驶状况

为了便于理解，可以根据相对运动关系通过模拟杠杆来表示行星齿轮组各部件的转速关系，这种方式称为等效杠杆法，运用等效杠杆法进行定性分析各部件的关系。THS 系统的动力分配机构将其进行简化，简化为发动机、MG1、MG2 之间的连接关系，MG1 与太阳轮连接，MG2 与外齿圈连接，发动机与行星架相连接并输出到车轮，构成 THS 动力分配系统简化机构图，如图 4-39 所示。

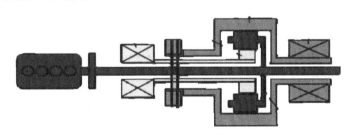

图 4-39　THS 动力分配系统简化结构

建立二维坐标系，如图 4-40 所示，横坐标代表传动比之间的关系，齿圈为 78 个齿，太阳轮为 30 个齿，纵坐标分别表示太阳轮、行星轮、齿圈机构的转速和旋转方向，相对于水平基准位置，同侧表示运转方向相同，异侧表示运转方向相反，相对于基准位置的高度(垂直位移)相似于转速。获取当前 MG1 和 MG2 的关系，如表 4-8 所示，模拟杠杆图及对应状态如表 4-9 所示。

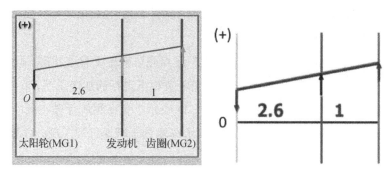

图 4-40 行星轮二维坐标系

表 4-8 MG1 和 MG2 的关系

扭矩		旋转方向	
		+	−
	+	放电	充电
	−	充电	放电

表 4-9 模拟杠杆图及对应状态

状态	旋转方向	转矩状态	模拟杠杆图例
放电	正向	+转矩	
	+侧	箭头向上	
	负向	−转矩	
	−侧	箭头向下	
充电	正向	−转矩	
	+侧	箭头向下	

1. 准备启动状态

图 4-38 车辆行驶状况中的 A 阶段,当水温、SOC 状态、蓄电池温度和电载荷状态不满足条件时,即使驾驶员按动"POWER"开关,"READY"指示灯打开,发动机也不会运转。

启动发动机,仪表盘上的"READY"指示灯点亮,车辆处于"P"或者倒挡时,如果 HV ECU 监视的任何项目均正常,HV ECU 启动发电机(MG1),从而启动发动机,运行期间,为防止发电机(MG1)的太阳齿轮的反作用力转动电动机(MG2)的环齿轮并驱动车轮,电动机(MG2)接收电流,施加制动,如图 4-41 所示,这个功能叫作"反作用控制"。

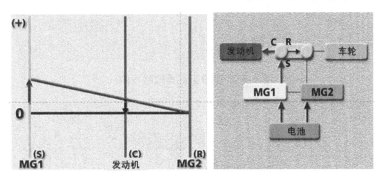

图 4-41 启动状态等效杠杆图

在随后状态中,运转中的发动机驱动发电机(MG1),为 HV 蓄电池充电,如图 4-42 所示。

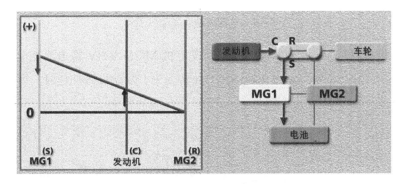

图 4-42 启动后蓄电池充电等效杠杆图

2. 起步工况

图 4-38 车辆行驶状况中的 B 阶段,电动机(MG2)驱动车辆起步后,车辆仅由电动机(MG2)驱动,这时,发动机保持停机状态,发电机(MG1)以反方向旋转而并不发电,如图 4-43 所示。

启动发动机:当电动机(MG2)工作时,如果增加所需驱动转矩,发电机(MG1)将被启动,进而启动发动机,同样,如果 HV ECU 监控的任何项目如 SOC 状态、蓄电池温度、水温和电载荷状态等不符合规定值时,发电机(MG1)将被启动,进而启动发动机,如图 4-44 所示。

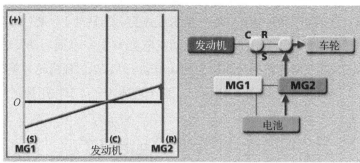

图 4-43 起步工况等效杠杆图

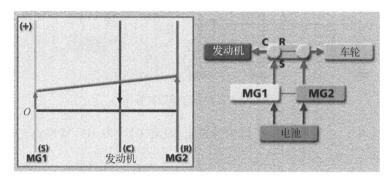

图 4-44 车辆启动后发动机工作

在随后的状态中，已经启动的发动机带动发电机(MG1)为 HV 蓄电池充电，如果需要增加所需驱动转矩，发动机将启动发电机(MG1)并转变为"发动机微加速时"模式，如图 4-45 所示。

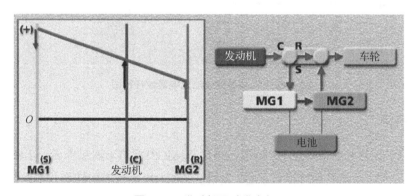

图 4-45 发动机驱动发电机

3. 发动机轻负载加速工况

图 4-38 车辆行驶状况中的 C 阶段，发动机轻负载加速时，发动机的动力由行星齿轮进行分配，其中一部分动力直接输出，剩余动力用于发电机(MG1)发电，通过变频器的电力输出至电动机(MG2)，用于输出动力，如图 4-46 所示。

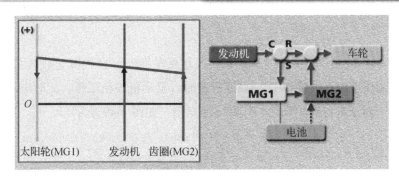

图 4-46　发动机轻负载加速工况

4. 小负荷巡航行驶工况

图 4-38 车辆行驶状况中的 D 阶段，车辆以低载荷巡航时，发动机的动力由行星齿轮进行分配，其中一部分动力直接输出，剩余动力用于发电机(MG1)发电，通过变频器的电动传输，电力输出至电动机(MG2)用于输出动力，小负荷巡航行驶工况如图 4-47 所示。

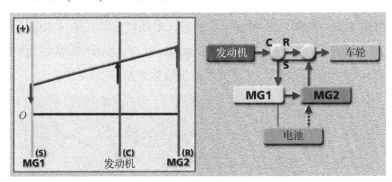

图 4-47　小负荷巡航行驶工况

5. 节气门全开加速工况

图 4-38 车辆行驶状况中的 E 阶段，当车辆从低载荷巡航转换为节气门全开加速模式时，系统将在保持电动机(MG2)动力的基础上，增加 HV 蓄电池的电动力，节气门全开加速工况如图 4-48 所示。

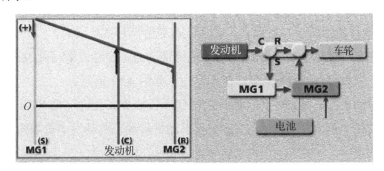

图 4-48　节气门全开加速工况

6. 减速工况

图 4-38 车辆行驶状况中的 F 阶段。该阶段包括车辆处于 D 挡减速或 B 挡减速。

(1) D 挡减速工况：车辆以 D 挡减速行驶时，发动机停止工作，此时电动机(MG2)作为发电机运行，通过车轮的驱动为 HV 蓄电池充电，如图 4-49 所示。

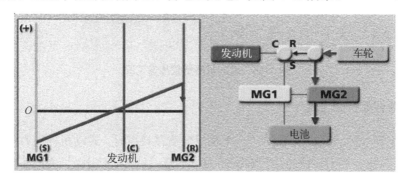

图 4-49　D 挡减速工况

(2) B 挡减速工况：车辆以 B 挡减速行驶时，电动机(MG2)在车轮驱动下作为发电机工作，为 HV 蓄电池充电，并为发电机(MG1)供电，这样，MG1 保持发动机转速并施加发动机制动，如图 4-50 所示。这时，发动机燃油供给被切断。

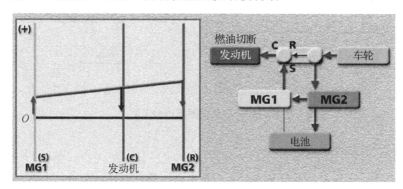

图 4-50　B 挡减速工况

7. 倒车工况

图 4-38 车辆行驶状况中的 G 阶段，倒车工况包含两种工作状态。

(1) 车辆倒车，仅由电动机(MG2)为车辆提供动力，这时，电动机(MG2)反向旋转，发动机不工作，发电机(MG1)正向旋转但不发电，如图 4-51 所示。

(2) 启动发动机，如果 HV ECU 监控的任何项目如 SOC 状态、蓄电池温度、水温和电载荷状态不符合规定值，发电机(MG1)就会将发动机启动，启动发动机如图 4-52 所示。

在随后的状态中，已经启动的发动机驱动发电机(MG1)，为 HV 蓄电池充电，驱动发电机如图 4-53 所示。

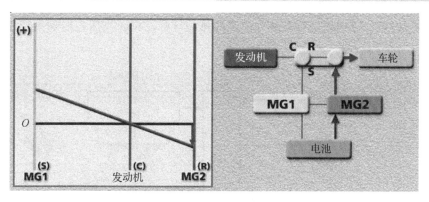

图 4-51 倒车工况

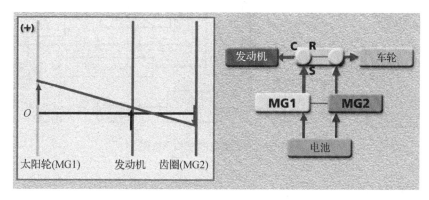

图 4-52 启动发动机

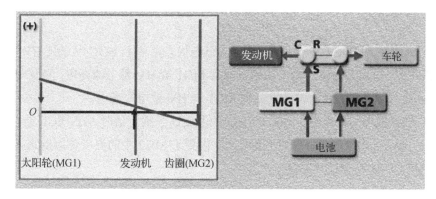

图 4-53 驱动发电机

任务五　THS 高压电控制系统

当驾驶员踩下加速踏板时，HV ECU 根据加速踏板位置传感器发出的信号检测加速踏板上所施加力的大小。另外，HV ECU 收到 MG1 和 MG2 中转速传感器(旋变传感器)发出的车速信号，并根据挡位传感器的信号检测挡位。HV ECU 根据这些信息来确定车辆的行驶状态，以便对 MG1、MG2 和发动机的动力进行最优控制。此外，HV ECU 对动力的扭矩和输出进行最优控制，以实现低油耗和更清洁的排放目标，THS 高压电控制系统如图 4-54 所示。

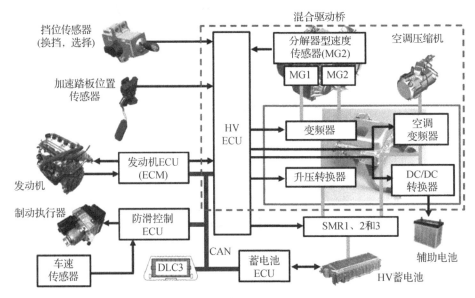

图 4-54　HV 蓄电池控制系统图

一、HV 蓄电池控制系统

1. 系统监视控制

蓄电池 ECU 始终监控 HV 蓄电池的 SOC(充电状态)，并将 SOC 发送到 HV ECU。SOC 过低时，HV ECU 提高发动机的输出功率以驱动 MG1 给 HV 蓄电池充电；当发动机停机时，MG1 工作启动发动机，然后，发动机驱动 MG1 为 HV 蓄电池充电。

当 SOC 较低或 HV 蓄电池、MG1、MG2 的温度高于规定值时，HV ECU 会限制对驱动轮的动力的大小，直到这些指标恢复到额定值，内置于 MG2 中的温度传感器直接检测 MG2 的温度，HV ECU 计算 MG1 的温度。

2. 关闭控制

通常，当车辆处于 N 挡时，MG1 和 MG2 就会被关闭，这是由于 MG2 通过机械机构与前轮相连，所以必须电动停止 MG1 和 MG2 来切断动力。

正常行驶时，如果制动踏板被踩下并且某个车轮锁止，这时，带 EBD 的 ABS 启动工作，而后，系统请求 MG2 输出低扭矩为重新驱动车轮提供辅助动力。这时，即使车辆处于 N 挡，系统也会取消关闭功能使车轮转动，车轮重新旋转后，系统恢复关闭功能。

车辆以 D 或 B 挡行驶，驾驶员踩下制动踏板时，再生制动开始工作，这时，驾驶员换挡到 N 挡时，在再生制动请求扭矩减少的同时，制动液压增大以避免制动勃滞，在这以后，系统实施关闭功能。

MG1、MG2以高于规定值的转速工作时，关闭功能取消。

3. 上坡辅助控制

车辆在陡坡上松开制动而启动时，经常出现下滑现象，上坡辅助控制可以有效地防止这种车辆的下滑。由于电动机具有高灵敏度的转速传感器，它可以感应出坡度和车辆下降角度，增大电动机的扭矩以确保安全，如果施加了上坡辅助控制，则制动会施加到车辆后轮，防止车辆向坡下滑，这时，HV ECU向制动防滑控制ECU发送制动启动信号。

4. 电动牵引力控制

当车辆在光滑路面上行驶时，如果驱动轮打滑，MG2(与车轮直接相连)会旋转过快，引起相关的行星齿轮组转速增大，这种状态会对行星齿轮组中的咬合部件等部位造成损害。某些情况下，还可能会使MG1产生过量电能，因此如果转速传感器信号表明转速发生突然变化，HV ECU确定MG2转速过大并实施增加制动力以抑制转速，保护行星齿轮组。此外，如果只有一个驱动轮旋转过快，HV ECU通过左右车轮的转速传感器监测它们的速度差，HV ECU将指令发送到制动防滑控制ECU以对转速过快的车轮施加制动。这些控制方法可以起到与制动控制系统的TRC同样的作用。

5. 雪地起步时驱动轮转速状态控制

首先介绍一下产生过快转速的机理，驱动轮转速状态控制如图4-55(a)所示，如果驱动轮抓地力正常，那么MG2(驱动轮)转速的变化很小，在它们和发动机之间的速度差很小，从而达到平衡，这样行星齿分界线组的相对转速差很小。

如果驱动轮失去牵引力，驱动轮转速状态控制如图4-55(b)所示，MG2(驱动轮)的转速会有很大的变化，在这种情况下，由于转速变化量较小的发动机无法随MG2转动，会导致相关的整个行星齿轮组的转速增加。

HV ECU通过MG2提供的转速传感器信号监测转速突变来计算驱动轮的打滑量，HV ECU根据计算的打滑量通过抑制MG2的旋转来控制制动力。

6. SMR控制

SMR(系统主继电器)是连接或断开高压电路电源的继电器，该继电器受HV ECU发出的指令控制。这种继电器一共有3个，其中，负极侧有1个，正极侧有2个，一起来确保系统正常工作，SMR控制原理如图4-56所示。

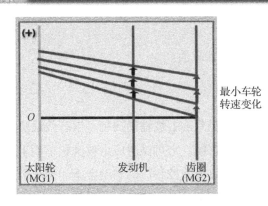

(a) 驱动轮抓地力　　　　　　　　　(b) 驱动轮打滑

图 4-55　驱动轮转速状态控制

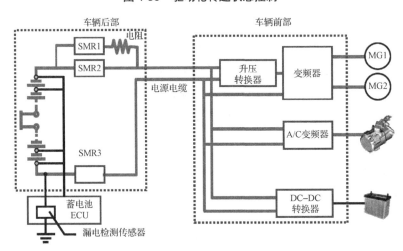

(a) 主继电器控制图

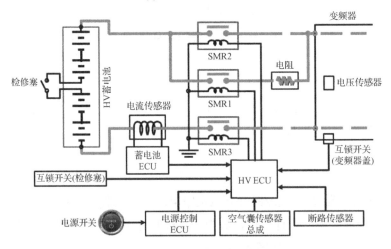

(b) 主继电器控制电路

图 4-56　SMR 控制原理

(1) 电源打开。电路连接时 SMR1 和 SMR3 闭合；而后，SMR2 闭合，然后 SMR1 断开，电源打开如图 4-57 所示。由于这种方式可以控制流过电阻器的电流，保护电路中的触点，避免其受到强电流造成的损害。

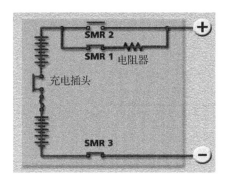
(a) SMR1、SMR3闭合

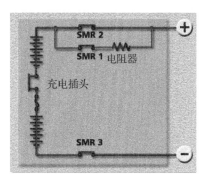
(b) SMR2闭合

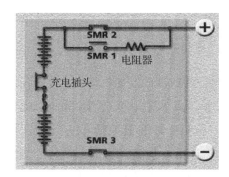
(c) SMR1断开

图 4-57　电源打开

(2) 电源关闭。电路断开时，先断开 SMR2，再断开 SMR3，然后，HV ECU 确认各个继电器是否已经断开，这样，HV ECU 可确定 SMR2 是否卡住，电源关闭如图 4-58 所示。

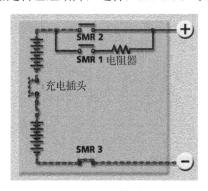
(a) SMR2断开

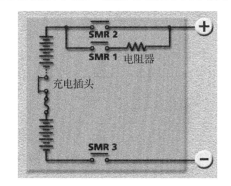
(b) SMR3断开

图 4-58　电源关闭

通过实际进行的工作过程中电压的测量得出结论,当 SMR1 短暂地闭合后进行电压测量,然后,SMR3 短暂地闭合后测量电压,这时 SMR1 和 SMR3 同时起作用,SMR2 随后闭合,SMR 工作过程中电压变化趋势如图 4-59 所示。

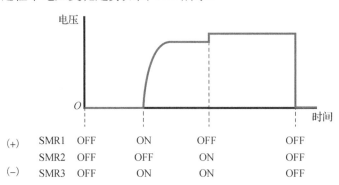

图 4-59　SMR 工作过程中电压变化趋势

二、发动机 ECU 控制

HV ECU 发送的发动机转速和所需的发动机动力信号输出给发动机 ECU,发动机 ECU 控制 ETCS-i 系统、燃油喷射量、点火正时和 VVT-i 系统。此外,发动机 ECU 还将发动机工作状态信号发送到 HV ECU。按照 THS-Ⅱ 控制,在接收到 HV ECU 发送的发动机停止信号后,发动机 ECU 将使发动机停机,系统出现故障时,发动机 ECU 通过 HV ECU 的指令打开检查发动机警告灯,发动机 ECU 控制系统如图 4-60 所示。

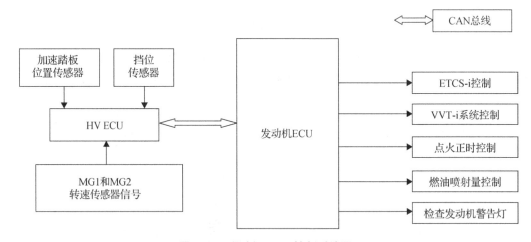

图 4-60　发动机 ECU 控制系统图

三、变频器控制

根据 HV ECU 输出的信号,变频器将 HV 蓄电池的直流电压转换为交流电给 MG1、MG2

项目四 普锐斯混合动力电动汽车的构造与检修

供电，或执行相反的过程。此外，变频器将 MG1 的交流电提供给 MG2；需要说明的是，电源从 MG1 提供给 MG2 时，电流在变频器内转换为 DC。

根据 MG1、MG2 发出的转子信息和从蓄电池 ECU 发出的 HV 蓄电池 SOC 等信息，HV ECU 将信号传输到变频器内部的功率晶体管，来转换 MG1、MG2 定子线圈的 U、V 和 W 相。关闭 MG1、MG2 的电流时，HV ECU 发送信号到变频器。变频器控制系统如图 4-61 所示。

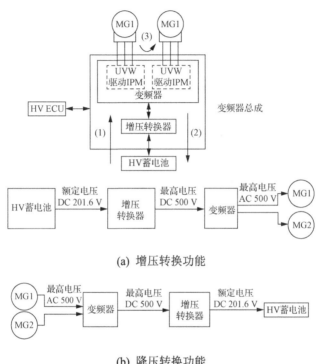

图 4-61 变频器控制系统

变频器中的绝缘栅双极晶体管由 HV ECU 中的晶体管控制，每组线圈需要两个绝缘栅双极晶体管被触发产生磁场，进入绝缘栅双极晶体管控制信号的分离，是在变频器内部完成的。HV ECU 采集旋转变压器的信号，得到准确的转子位置信息，才可通过触发对应的绝缘栅双极晶体管控制电机正确工作。HV ECU 也计算电机需要功率，并且通过占空比信号触发绝缘栅双极晶体管。

课后习题

一、填空题

1. 串联式混合动力电动汽车是指车辆行驶系统的驱动力只来源于_____的混合动力电动汽车。

2. 并联式混合动力电动汽车是指车辆行驶系统的驱动力由_____及_____同时或单独供给的混合动力电动汽车。

二、选择题

1. 一般情况下，微混合型混合动力电动汽车电动机的峰值功率和发动机的额定功率比为(　　)。

　　A. ≤5%　　　　B. 5%～15%　　　　C. 15%～40%　　　　D. ≥40%

2. 一般情况下，轻度混合(弱混合)型混合动力电动汽车电动机的峰值功率和发动机的额定功率比为(　　)。

　　A. ≤5%　　　　B. 5%～15%　　　　C. 15%～40%　　　　D. ≥40%

3. 第一代普锐斯采用的发动机为(　　)排量。

　　A. 1.5 L　　　　B. 1.4 L　　　　C. 1.8 L　　　　D. 2.0 L

4. 丰田发动机大致包含(　　)、GR系列、NZ系列、ZR系列等型号的发动机。

　　A. AZ系列　　　B. AE系列　　　C. AM系列　　　D. AR系列

5. 根据接收的来自HV ECU的发动机目标转速和所需的发动机动力信息，启动(　　)(智能电子节气门控制系统)。

　　A. DME　　　　B. EPB　　　　C. ABS　　　　D. ETCS-i

三、简答题

1. THS高压电控制系统包括哪些？
2. 简述SMR控制过程。

项目五　燃料电池汽车

【学习目标】

了解燃料电池汽车的特点以及国内外的发展状况；了解燃料电池的分类、特点以及工作原理；掌握质子交换膜燃料电池的结构和能量转换关系；掌握燃料电池汽车的系统结构类型和工作原理。

【能力要求】

掌握燃料电池汽车的系统结构类型和工作原理；熟悉常见的燃料电池分类及其特点。

任务一　燃料电池汽车概述

燃料电池汽车(Fuel Cell Electric Vehicle，FCEV)是一种采用燃料电池作为电源的电动汽车。燃料电池电动汽车一般以质子交换膜燃料电池(PEMFC)作为车载能量源。

燃料电池车是新能源电动汽车的一种，与普通化学电池相比，燃料电池可以补充燃料。燃料电池汽车通常选择氢气作为电池燃料，部分燃料电池能使用甲烷和汽油作为燃料，该类电池常在电厂和叉车等工业领域使用。氢燃料电池汽车结构如图 5-1 所示，其电池的能量是通过氢气和氧气的化学作用直接变成电能，反应过程不需经过燃烧，不会产生有害产物，并且燃料电池的能量转换效率比内燃机要高 2～3 倍。因此从长远的能源利用和环境保护角度看，燃料电池汽车经济性和环保性较好，是一种较为理想的新能源汽车。

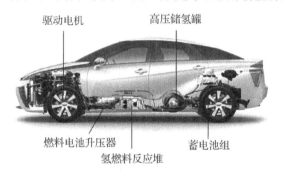

图 5-1　氢燃料电池汽车结构

氢燃料电池

车载燃料电池装置所使用的燃料为高纯度氢气或含氢燃料经重整所得到的高含氢重整气。与通常的电动汽车相比较，其动力方面的不同在于 FCEV 用的电力来自车载燃料电池装置，电动汽车所用的电力来自由电网充电的蓄电池。因此，FCEV 的关键技术是燃料电池发展技术。

一、燃料电池电动汽车的类型

燃料电池电动汽车按燃料特点可分为直接燃料电池电动汽车和重整燃料电池电动汽车。直接燃料电池电动汽车的燃料主要是氢气；重整燃料电池电动汽车的燃料主要有汽油、天然气、甲醇、甲烷、液化石油气等。直接燃料电池电动汽车排放无污染，被认为是最理想的汽车，但存在氢的制取和存储困难等缺点；重整燃料电池电动汽车的结构比氢燃料电池电动汽车复杂得多。

燃料电池电动汽车按燃料氢的存储方式可分为压缩氢燃料电池电动汽车、液氢燃料电池电动汽车和合金(碳纳米管)吸附氢燃料电池电动汽车。

燃料电池电动汽车按"多电源"的配置不同，可分为纯燃料电池驱动(PFC)的 FCEV、燃料电池与辅助蓄电池联合驱动(FC+B) 的 FCEV、燃料电池与超级电容联合驱动(FC+C)的 FCEV、燃料电池与辅助蓄电池和超级电容联合驱动(FC+B+C) 的 FCEV 四种。

1. 纯燃料电池驱动的 FCEV

纯燃料电池驱动的电动汽车只有燃料电池一个动力源，汽车的所有功率负荷都由燃料电池承担。纯燃料电池驱动的电动汽车的动力系统结构如图 5-2 所示。纯燃料电池驱动系统将氢气与氧气反应产生的电能通过总线控制传给驱动电动机，驱动电动机将电能转化为机械能再传给传动系统，从而驱动汽车行驶。

纯燃料电池驱动的 FCEV 优点是结构简单，便于实现系统控制和整体布置，系统部件少，有利于整车的轻量化；较少的部件使得整体的能量传递效率高，提高了整车的燃料经济性。

缺点是燃料电池功率大、成本高；对燃料电池系统的动态性能和可靠性提出了很高的要求；不能进行制动能量回收。

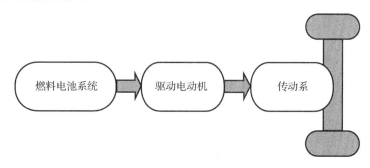

图 5-2 纯燃料电池驱动的电动汽车的动力系统结构

因此，为了有效解决上述问题，必须使用辅助能量存储系统作为燃料电池系统的辅助动力源，与燃料电池联合工作，组成混合驱动系统共同驱动汽车。从本质上来讲，这种结构的燃料电池电动汽车采用的是混合动力结构。它与传统意义上的混合动力结构的差别仅在于发动机是燃料电池而不是内燃机。在燃料电池混合动力结构汽车中，燃料电池和辅助能量存储装置共同向电动机提供电能，通过变速机构来驱动汽车。

2. 燃料电池与辅助蓄电池联合驱动的 FCEV

该结构为一典型的串联式混合动力结构，如图 5-3 所示。在该动力系统结构中，燃料电池和蓄电池一起为驱动电机提供能量，驱动电机将电能转化成机械能传给传动系统，从而驱动汽车前进；在汽车制动时，驱动电机变成发电机，蓄电池将储存回馈的能量。在燃料电池和蓄电池联合供能时，燃料电池的能量输出变化较为平缓，随时间变化波动较小，而能量需求变化的高频部分由蓄电池分担。

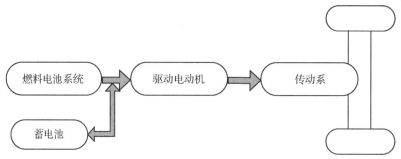

图 5-3 燃料电池与辅助蓄电池联合驱动

1) 燃料电池与辅助蓄电池联合驱动 FCEV 的优点

(1) 由于增加了比功率价格相对低廉得多的蓄电池组，系统对燃料电池的功率要求较纯燃料电池结构形式有很大的降低，从而大大地降低了整车成本；

(2) 燃料电池可以在比较好的设定的工作条件下工作，工作时燃料电池的效率较高；

(3) 系统对燃料电池的动态响应性能要求较低；

(4) 汽车的冷启动性能较好；

(5) 制动能量回馈的采用可以回收汽车制动时的部分动能，该措施可能会提高整车的能量效率。

2) 燃料电池与辅助蓄电池联合驱动 FCEV 的不足

(1) 蓄电池的使用使得整车的质量增加，动力性和经济性受到影响，在能量复合型混合动力汽车上表现明显；

(2) 蓄电池放电过程会有能量损耗；

(3) 系统控制变得复杂，整体布置难度增加。

3. 燃料电池与超级电容联合驱动的 FCEV

这种结构形式与燃料电池+蓄电池结构相似，只是把蓄电池换成超级电容，如图 5-4 所示。相对于蓄电池，超级电容充放电效率高，能量损失小，比蓄电池功率密度大，在回收制动能量方面比蓄电池有优势，循环寿命长，但是超级电容的能量密度较小。目前超级电容技术在汽车上的应用还不成熟，随着超级电容技术的不断进步，这种结构将成为一种新的重要研究方向。

4. 燃料电池与辅助蓄电池和超级电容联合驱动的 FCEV

燃料电池与蓄电池和超级电容联合驱动的电动汽车的动力系统结构为串联式混合动力结构，如图 5-5 所示。燃料电池、蓄电池和超级电容一起为驱动电机提供能量，驱动电机将电能转化成机械能传给传动系，驱动汽车前进。在汽车制动时，驱动电机变成发电机，蓄电池和超级电容将储存回馈的能量。

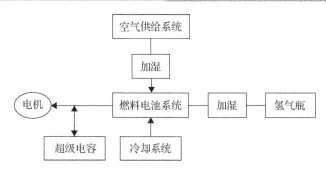

图 5-4　燃料电池与超级电容联合驱动

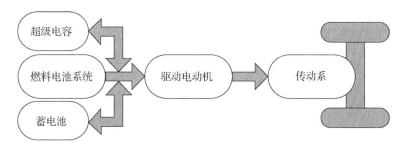

图 5-5　燃料电池与辅助蓄电池和超级电容联合驱动

在燃料电池、蓄电池和超级电容联合供能时，燃料电池的能量输出较为平缓，随时间变化波动较小，而能量需求变化的低频部分由蓄电池承担，能量需求变化的高频部分由超级电容承担。在这种结构中，各动力源的分工更加明细，因此它们的优势也得到更好的发挥。

燃料电池与辅助蓄电池和超级电容联合驱动的 FCEV 的特点：

(1) 相比燃料电池+蓄电池的结构优点更加明显，尤其是在部件效率、动态特性、制动能量回馈等方面。

(2) 缺点也更加明显，增加了超级电容，整个系统的质量将增加，系统更加复杂化，系统控制和整体布置的难度也随之增大。

总的来说，如果能够对系统进行很好的匹配和优化，这种结构带来的汽车良好的性能具有很大的吸引力。

在除纯燃料电池驱动(PFC)外的三种混合驱动的 FCEV 中，燃料电池+蓄电池+超级电容组合被认为能够最大限度地满足整车的起动、加速、制动的动力和效率需求，但成本最高，结构和控制也最为复杂。

目前燃料电池电动汽车动力系统的一般结构是燃料电池+蓄电池组合。可用于电动汽车的蓄电池包括铅酸电池、镍氢电池、镍锌电池、锌空气电池、铝空气电池、钠硫电池、钠镍氯化物电池、锂聚合物电池和锂离子电池等多种类型。

目前，燃料电池+蓄电池混合驱动系统主要有两种结构形式：燃料电池直接混合系统和动力电池直接混合系统。

二、燃料电池汽车的基本结构

燃料电池汽车与传统的内燃机驱动汽车在构造及动力传输等方面的不同，为汽车的整体设计提出了新的要求。燃料电池汽车的基本结构中传统内燃机汽车的发动机、变速器动力总成不复存在，取而代之的是燃料电池反应堆、蓄电池、氢气罐、电动机、DC-DC 变换器等设备，且制动系统和悬架也相应变化。因此，根据燃料电池汽车自身特点，在设计时，应作相应的变化和改进。燃料电池汽车的总体布置包括以下几个方面。

1. 燃料电池汽车底盘布置

燃料电池动力总成包括氢气罐总成、蓄电池总成、燃料电池堆总成、动力输出系统总成等。其中，储氢罐一般放置于底盘的中部，或后排座椅的下方空间(传统内燃机轿车的油箱位置)，将氢气罐分散存储。除了燃料电池动力总成外，对汽车制动总成、前后悬架总成及轮胎等方面也应作相应的调整和测试。特别是随着轮毂电机技术的发展，使燃料电池汽车在电动机的放置有了新的选择，增大了汽车内部空间。而各电动轮的驱动力也可直接控制，提高恶劣路面条件下汽车的行使性能。底盘布置应把绝大多数的负载均匀分配在底盘的前后端，降低车辆的总体重心，使轿车具有良好的操控性能，并改善车辆的整体安全性。

2. 燃料电池汽车管理系统

燃料电池汽车的动力系统一般由质子交换膜燃料电池、蓄电池、电机和系统控制设备组成。燃料电池所生成的电能经过 DC-DC 转换器、DC-AC 逆变器等的变换，带动电机的运转，将电能转变为机械能，为汽车提供动力。在一些关键部件，如质子交换膜燃料电池和蓄电池等，其热特性及传热性质与传统汽车有着很大的不同，为燃料电池汽车的水、热管理提出了新的目标和要求。

3. 燃料电池汽车电子控制

与传统汽车相同，电子控制在燃料电池汽车的发展中也将起着越来越重要的作用。汽车的各种操纵系统都会向着电子化和电动化的方向发展，现有的 12V 动力电源已满足不了汽车上所有电气系统的需要，汽车电气系统新标准的实施，将会使汽车电器零部件的设计和结构发生重大的变革，机械式继电器、熔丝式保护电路也将随之淘汰。同时，燃料电池的特性有其自身的特点。

(1) 电压低，电流大；
(2) 输出电流会随温度的升高而升高，输出电压会随输出电流的增大而下降；
(3) 从开始输出电压、电流到逐渐进入稳定状态，停留在过渡带范围内的动态反应时间较长。正是由于以上特点，大多数电器和电机难以适应其电压特性，所以必须和 DC-DC 变换器和 DC-AC 逆变器配合使用，需要对燃料电池系统进行大量的功率调节以保证电压的稳定。

当燃料电池的输出功率大于汽车的需要时，多余的功率可对蓄电池进行充电，在动力系统启动时蓄电池可以给辅助系统提供电源；当燃料电池的功率不能满足汽车加速、爬坡时，蓄电池可提供附加功率，配合燃料电池共同使用。

所以，车辆可采用 42V 的辅助电源独立地为各种电子、电气设备提供电能。由于燃料电池汽车较传统内燃机汽车在驱动方式上有着本质的区别，所以在底盘布置、热管理、电子控制等诸多方面的设计也有着很大的不同。

目前燃料电池电动汽车绝大多数采用的是混合式燃料电池驱动系统，将燃料电池与辅助动力源相结合，燃料电池可以只满足持续功率需求，借助辅助动力源提供加速、爬坡等所需的峰值功率，而且在制动时可以将回馈的能量储存在辅助动力源中。混合式燃料电池驱动系统有串联式和并联式两种，如图 5-6、图 5-7 所示。

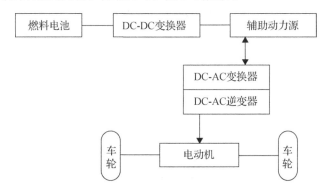

图 5-6　串联式混合式燃料电池驱动系统

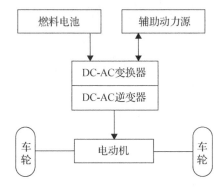

图 5-7　并联式混合式燃料电池驱动系统

混合式燃料电池电动汽车的动力系统主要由燃料电池发动机、辅助动力源、DC-DC 转换器、DC-AC 逆变器、电动机和动力电控系统等组成。

1) 燃料电池发动机

在燃料电池电动汽车所采用的燃料电池发动机中,为保证燃料电池组的正常工作,除以燃料电池组为核心外,还装有氢气供给系统、氧气供给系统、气体加湿系统、反应生成物的处理系统、冷却系统和电能转换系统等。只有这些辅助系统匹配恰当和运转正常,才能保证燃料电池发动机正常运转。图5-8所示是以氢为燃料的燃料电池发动机系统,图5-9所示是以氢气为燃料的燃料电池电动汽车的总布置基本结构模型。

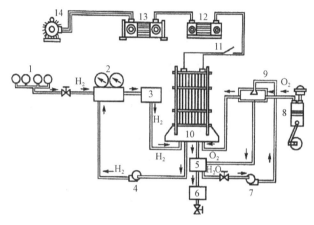

图5-8 以氢为燃料的燃料电池发动机系统

1—氢气储存罐;2—氢气压力调节仪表;3—热交换器;4—氢气循环泵;5—冷凝器及气水分离器;6—散热器;7—水泵;8—空气压缩机(或氧气罐);9—加湿器及去离子过滤装置;10—燃料电池组;11—电源开关;12—DC-DC转换器;13—逆变器;14—驱动电动机

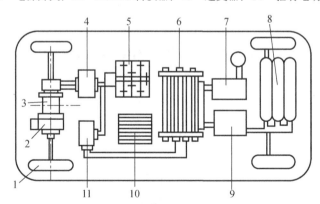

图5-9 以氢气为燃料的燃料电池电动汽车的总布置基本结构模型

1—驱动轮;2—驱动系统;3—驱动电动机;4—逆变器;5—辅助电源装置(动力电池组+飞轮储能器或动力电池组+超级电容);6—燃料电池发动机;7—空气压缩机及空气供应系统辅助装置;8—氢气储存罐;9—氢气供应系统辅助装置;10—中央控制器;11—动力DC-DC转换器

氢气供应、管理和回收系统。气态氢通常用高压储气瓶来装载,对高压储气瓶的品质要求很高,为保证燃料电池电动汽车一次充气有足够的行驶里程,就需要多个高压储气瓶来储存气态氢气。一般轿车需要2～4个高压储气瓶，大客车上需要5～10个高压储气瓶。液态氢气虽然比能量高于气态氢，但由于液态氢气处于高压状态，它不仅需要用高压储气瓶储存，还要用低温保温装置来保持低温，且低温的保温装置是一套复杂的系统。在使用不同压力的氢气(高压气态氢气和高压低温液态氢气)时，就需要用不同的氢气储存容器，不同的减压阀、调压阀、安全阀、压力表、流量表、热量交换器和传感器等来进行控制，并对各种管道、阀和仪表等的接头采取严格的防泄漏措施。从燃料电池中排出的水，含有未发生反应的少量的氢气。正常情况下，从燃料电池排出的少量的氢气应低于1%，应用氢气循环泵将这少量的氢气回收。

　　氧气供应和管理系统。氧气的来源有从空气中获取氧气或从氧气罐中获取氧气，空气需要用压缩机来提高压力，以增加燃料电池反应的速度。在燃料电池系统中，配套压缩机的性能有特定的要求，压缩机质量和体积会增加燃料电池发动机系统的质量、体积和成本，

　　压缩机所消耗的功率会使燃料电池的效率降低。空气供应系统的各种阀、压力表、流量表等的接头要采取防泄漏措施。在空气供应系统中还要对空气进行加湿处理，保证空气有一定的湿度。

　　水循环系统。燃料电池发动机在反应过程中将产生水和热量，在水循环系统中用冷凝器、气水分离器和水泵等对反应生成的水和热量进行处理，其中一部分水可以用于空气的加湿。另外，还需要装置一套冷却系统，以保证燃料电池的正常运作。

　　电力管理系统。燃料电池所产生的是直流电，需要经过DC-DC转换器进行调压，在采用交流电动机的驱动系统中，还需要用逆变器将直流电转换为三相交流电。以氢气为燃料的燃料电池发动机的各种外围装置的体积和质量占燃料电池发动机总体积和质量的1/3～1/2。

　　图5-10所示是以甲醇为燃料的燃料电池发动机系统。在以甲醇为燃料的燃料电池发动机系统中，用甲醇供应系统代替了上述的氢气供应系统。它包括甲醇储存装置，甲醇供应系统的泵、管道、阀门、加热器及控制装置等。图5-11所示是以甲醇为燃料的燃料电池电动汽车的总布置基本结构模型。

　　甲醇储存装置。甲醇可以用普通容器储存，不需要加压或冷藏，可以部分利用内燃机汽车的供应系统，有利于降低燃料电池电动汽车的使用费用。

　　燃烧器、加热器和蒸发器。甲醇进入改质器之前，要用加热器加热甲醇和纯水的混合物，使甲醇和纯水的混合物一起受高温(621℃)热量的作用，蒸发成甲醇和纯水的混合气，然后进入改质器。

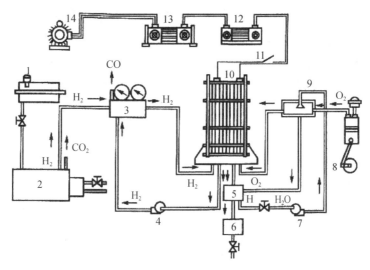

图 5-10 以甲醇为燃料的燃料电池发动机系统

1—甲醇储存罐;2—带燃烧器的改质器;3—氢气净化装置;4—氢气循环泵水循环系统;5—冷凝器及气水分离器;6—散热器;7—水泵;8—空气压缩机(或氧气罐);9—加湿器及去离子过滤装置;10—燃料电池组;11—电源开关;12—DC-DC 转换器;13—逆变器;14—驱动电动机

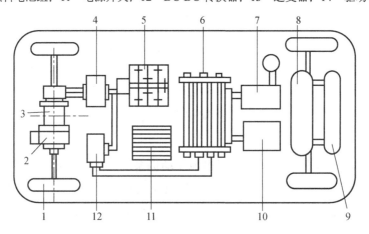

图 5-11 以甲醇为燃料的燃料电池电动汽车的总布置基本结构模型

1—驱动轮;2—驱动系统;3—驱动电动机;4—逆变器;5—辅助电源装置(动力电池组+飞轮储能器或动力电池组+超级电容器);6—燃料电池发动机;7—空气压缩机及空气供应系统辅助装置;8—重整器;9—甲醇罐;10—氢气供应系统辅助装置;11—中央控制器;12—动力 DC-DC 转换器

重整器。重整器是将甲醇用改质技术转化为氢气的关键设备。不同的碳氢化合物采用不同的重整技术,在重整过程中的温度、压力会有所不同。例如,甲醇用水蒸气重整法的温度为 621℃,用部分氧化重整法的温度为 985℃,用废气重整法的第一阶段温度为 985℃、第二阶段温度为 250℃。在燃料电池电动汽车用甲醇经过重整产生的氢气做燃料时,就需要对各种重整方法进行分析,选择最佳重整技术和最适合燃料电池电动汽车的配套重整器。

氢气净化器。改质器所产生的 H_2 含有少量的 CO，因此必须对 H_2 进行净化处理。净化器中用催化剂来控制，使 H_2 中所含的 CO 被氧化成 CO_2 后排出，最终进入燃料电池的 H_2 中的 CO 的含量不超过规定的 $0.2\mu mol/mol$。甲醇经过改质后所获得的氢气作为燃料时，燃料电池的效率为 40%～42%。以甲醇为燃料的燃料电池系统中的氧气供应、管理系统，反应生成的水和热量的处理系统和电力管理系统与以氢为燃料的燃料电池系统基本相同。

燃料电池发动机的运作一般采用计算机进行控制，根据燃料电池电动汽车的运行工况，通过 CAN 总线系统进行信息传递和反馈，并经过计算机的处理，以保证燃料电池正常运行。

2) 辅助动力源

在燃料电池电动汽车上燃料电池发动机是主要电源，另外还配备有辅助动力源。根据燃料电池电动汽车的设计方案不同，其所采用的辅助动力源也有所不同，可以用蓄电池组、飞轮储能器或超大容量电容器等共同组成双电源系统。在具有双电源系统的燃料电池电动汽车上，驱动电动机的电源可以出现以下驱动模式。

(1) 在燃料电池电动汽车启动时，由辅助动力源提供电能带动燃料电池发动机启动，或带动车辆起步。

(2) 车辆行驶时，由燃料电池发动机提供驱动所需全部电能，剩余的电能储存到辅助动力源装置中。

(3) 在加速和爬坡时，若燃料电池发动机提供的电能还不足以满足燃料电池电动汽车驱动功率要求，则由辅助动力源提供额外的电能，使驱动电动机的功率或转矩达到最大，形成燃料电池发动机与辅助动力源同时供电的双电源的供电模式。

(4) 储存制动时反馈的电能，以及向车辆的各种电子、电气设备提供所需要的电能。

由于燃料电池发动机的比功率和比能量在不断改进和提高，现代燃料电池电动汽车逐步向加大功率燃料电池发动机的方向发展，可以由燃料电池发动机提供驱动所需的全部电能。

另外，采用 42V 蓄电池来储存制动时反馈的电能，并为车载电子电气系统提供电能，可以取消用于辅助驱动的动力电池组，减轻辅助电池组和整车的质量。

3) DC-DC 转换器

燃料电池电动汽车采用的电源有各自的特性，燃料电池只提供直流电，电压和电流随输出电流的变化而变化。燃料电池不可能接受外电源的充电，电流的方向只是单向流动。燃料电池电动汽车采用的辅助电源(蓄电池和超级电容器)在充电和放电时，也是以直流电的形式流动，但电流的方向是可逆性流动。燃料电池电动汽车上各种电源的电压和电流受工况变化的影响呈不稳定状态。为了满足驱动电动机对电压和电流的要求及对多电源电力系统的控制，在电源与驱动电动机之间，用计算机控制实现对燃料电池电动汽车的多电源的综合控制，保证燃料电池电动汽车的正常运行。燃料电池电动汽车的燃料电池需要装置单

向 DC-DC 转换器，蓄电池和超级电容器需要装置双向 DC-DC 转换器。

燃料电池电动汽车 DC-DC 转换器的主要功能概括起来如下。

(1) 调节燃料电池的输出电压。由于燃料电池的输出特性较软，输出电压随负载的变化而变化，轻载时输出电压偏高，重载时输出电压偏低，难以满足驱动电动机控制器的需求，所以借助 DC-DC 转换器对燃料电池的输出电压进行调节。

(2) 调节整车能量分配。燃料电池轿车是一种混合动力轿车，具有燃料电池和动力蓄电池两种能源，控制燃料电池的输出能量就可以控制整车能量的分配。如果燃料电池的输出能量不足以驱动电动机，缺口能量就由动力蓄电池来补充；当燃料电池输出的能量超出电动机的需求时，多余的能量可以进入蓄电池中，补充蓄电池的能量。DC-DC 转换器用于控制燃料电池的能量输出。

(3) 稳定整车直流母线电压。燃料电池的输出电压经过 DC-DC 转换器后能稳定整车直流母线电压。

DC-DC 转换器在燃料电池电动汽车中起着重要的作用，它的性能必须满足以下要求。

(1) 变换器是能量传递部件，因此需要转换效率高，以便提高能源的利用率。

(2) 为了降低对燃料电池的输出电压要求，变换器应具有升压功能。

(3) 由于燃料电池输出电压不稳定，需要变换器闭环运行进行稳压，为了给驱动器稳定的输入，需要变换器有较好的动态调节能力。

(4) 体积小、质量轻。

4) 电动机

电动机是电动汽车驱动系统的核心部件，其性能的好坏直接影响电动汽车驱动系统的性能，特别是电动汽车的最高车速、加速性能及爬坡性能等。燃料电池电动汽车用的驱动电动机主要有直流电动机、交流电动机、永磁电动机和开关磁阻电动机等。燃料电池汽车驱动电动机的选型必须结合整车开发目标，综合考虑电动机的特点。

电动汽车在行驶过程中，经常频繁地启动/停车、加速/减速等，这就要求电动汽车中的电动机比一般工业用的电动机性能更高，基本要求如下。

(1) 电动机的运行特性要满足电动汽车的要求，在恒转矩区，要求低速运行时具有大转矩，以满足电动汽车启动和爬坡的要求；在恒功率区，要求低转矩时具有高的速度，以满足电动汽车在平坦的路面能够高速行驶的要求。

(2) 电动机应具有瞬时功率大、带负载启动性能好、过载能力强、加速性能好、使用寿命长的特点。

(3) 电动机应在整个运行范围内，具有很高的效率，以提高一次充电的续驶里程。

(4) 电动机应能够在汽车减速时实现再生制动，将能量回收并反馈给蓄电池，使得电动汽车具有最佳的能量利用率。

(5) 电动机应可靠性好，能够在较恶劣的环境下长期工作。

(6) 电动机应体积小、质量轻，一般为工业用电动机的 1/3～1/2。

(7) 电动机的结构要简单坚固，适合批量生产，便于使用和维护。

(8) 价格便宜，从而能够降低电动汽车的整体价格，提高性价比。

(9) 运行时噪声低，减少污染。

电动机驱动系统是电动汽车的心脏，它由电动机、功率转换器、控制器、各种检测传感器和电源(蓄电池)组成，其任务是在驾驶人的控制下，高效率地将蓄电池的电量转化为车轮的动能，或者将车轮的动能反馈到蓄电池中。图 5-12 是电动机驱动系统的基本组成框图。

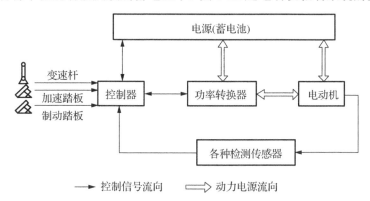

图 5-12　电动机驱动系统的基本组成框图

早期的电动汽车主要采用直流电动机系统，但直流电动机有机械换向装置，必须经常维护。随着电力电子技术的发展，交流调速逐渐取代直流调速。

功率转换器按所选电动机类型，有 DC-DC 功率转换器、DC-AC 功率转换器等形式，其作用是按所选电动机驱动电流的要求，将蓄电池的直流电转换为相应电压等级的直流、交流或脉冲电源。

检测传感器主要对电压、电流、速度、转矩及温度等进行检测，其作用是提高改善电动机的调速特性，对永磁无刷电动机或开关磁阻电动机还要求有电动机转角位置检测。

控制器是按驾驶人操纵变速杆、加速踏板和制动踏板等，相应输入的前进、倒退、起步、加速、制动等信号，以及各种检测传感器反馈的信号，通过运算、逻辑判断、分析比较等适时向功率转换器发出相应的指令，使整个驱动系统有效运行。

驱动电动机的总体特性概括如下。

(1) 直流电机驱动系统采用换向器和电刷，保证了励磁磁动势与电枢磁动势的严格正交，易于控制。但直流电机结构复杂，其高速性能和可靠性受换向器和电刷的影响较大。

(2) 交流电机坚固耐用、结构简单、技术成熟、免维护、成本低，尤其适合恶劣的工作环境。其缺点在于损耗大、效率低、功率因数低，进而导致控制器容量增加，成本上升。

(3) 永磁电机驱动系统通常可分为方波供电的无刷直流电机和正弦波供电的永磁同步

电机。转子采用永磁体，不需要励磁。因此，功率因数大，电机具有较高的功率密度和效率。但仍然存在成本高、可靠性较低及使用寿命较短的缺点。

(4) 开关磁阻电机驱动系统作为一种基于"磁阻最小原理"设计的新型电机，定子、转子均采用凸极结构，具有结构简单、可靠性高、控制简便及功率/转矩特性优越的特点。但存在噪声大、转矩和母线电流脉动严重的缺陷。

5) 动力电控系统

燃料电池电动汽车的动力电控系统主要由燃料电池发动机管理系统(FCE-ECU)、蓄电池管理系统(BMS)、动力控制系统(PCU)及整车控制系统(VMS)组成，而原型车的变速器系统会简化很多，其系统结构框图如图5-13所示。

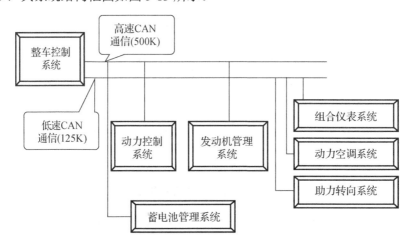

图 5-13 燃料电池电动汽车的动力电控系统框图

动力控制系统。动力控制系统包含DC-DC变换器、DC-AC变换器、DCL和空调控制器及空调压缩机变频器，以及电动机冷却系统控制器。DC-DC变换器和DC-AC变换器的作用如前所述，DCL负责将高压电源转换为系统零部件所需的12V/24V低压电源，电动机冷却系统控制器负责电动机及PCU的水冷却系统控制。

蓄电池管理系统。蓄电池管理系统分上下两级，下级LECU负责蓄电池组电压、温度等物理参数的测量，进行过充过放保护及组内组间均衡；上级CECU负责动力蓄电池组的电流检测及SOC估算，以及相关的故障诊断，同时运行高压漏电保护策略。

发动机管理系统。燃料电池发动机管理系统按整车控制器的功率设定值控制燃料电池发动机的功率输出，监测发动机的工作状态，保证发动机稳定可靠地运行时进行故障诊断及管理。其具体组成包括供氢系统、供氧系统、水循环及冷却系统。

整车控制系统。整车控制系统的核心是多能源控制策略(包括制动能量回馈功能)，它一方面接收来自驾驶员的需求信息(如点火开关、油门踏板、制动踏板、挡位信息等)实现整车工况控制；另一方面基于反馈的实际工况(如车速、制动、电动机转速等)以及动力系统的状况(燃料电池及动力蓄电池的电压、电流等)，根据预先匹配好的多能源控制策略进行能量分配调节控制。当然，整车的故障诊断及管理也由它负责。

上述各系统都通过高速 CAN-Bus 进行信息交换。在上述基本动力系统架构基础上，可以根据混合度的不同，把燃料电池混合动力汽车分为电量消耗型和电量维持型。所谓混合度，是指燃料电池额定输出功率与驱动电动机额定功率之比。前者的混合度较低，蓄电池是主要的能量源，燃料电池只作为里程延长器来使用；后者的混合度较高，在行驶过程中蓄电池的荷电状态基本保持在一个合理的范围，目前国外大部分国家及我国全部采用该方案。

对整车控制系统进行优化，可以改进燃料电池电动汽车性能和降低整车的设计和制造成本。整体化设计理念中，放在最重要位置的是材料的轻量化和空气动力学的充分利用。因为汽车在行驶过程中燃料消耗所产生的能量，只有小部分是真正被用来推动汽车和乘客，而大部分的能量都通过热量的损失、滚动阻力、空气阻力及控制系统的低效率等被消耗掉，其间，汽车本身的质量和空气动力学因素起着很重要的作用。在整体化设计过程中，强调质量的减轻，即轻量化车身需要更轻的底盘组件和更小的动力总成，而此组件的相互联系和组合程度小，但可以减小体积和减轻质量，甚至可以弃原先组件，进一步减轻系统的质量。

三、燃料电池汽车的工作原理

燃料电池汽车的工作原理是作为燃料的氢在汽车搭载的燃料电池中，与大气中的氧气发生氧化还原化学反应，产生出电能来带动电动机工作，由电动机带动汽车中的机械传动结构，进而带动汽车的前桥(或后桥)等机械结构工作，从而驱动电动汽车前进。

核心部件为燃料电池。燃料电池的反应结果会产生极少的二氧化碳和氮氧化物，副产品主要是水，因此被称为绿色新型环保汽车。燃料电池汽车是电动汽车的一种，其核心部件是燃料电池。通过氢气和氧气的化学作用，而不是经过燃烧，直接变成电能动力。

燃料电池汽车的氢燃料能通过几种途径得到。有些车辆直接携带纯氢燃料，另外一些车辆有可能装有燃料重整器，能将烃类燃料转化为富氢气体。单个的燃料电池必须结合成燃料电池组，以便获得必需的动力，满足车辆使用的要求。

四、燃料电池汽车的特点

燃料电池电动汽车技术与传统汽车、纯电动汽车技术相比，具有以下优点：

(1) 效率高。燃料电池的工作过程是化学能转化为电能的过程，不受卡诺循环的限制，能量转换效率较高，可以达到30%以上，而汽油机和柴油机汽车整车效率分别为16%～18%

和 22%～24%。

(2) 续驶里程长。采用燃料电池系统作为能量源，克服了纯电动汽车续驶里程短的缺点，其长途行驶能力及动力性已经接近传统汽车。

(3) 绿色环保。燃料电池没有燃烧过程，以纯氢作为燃料，生成物只有水，属于零排放。采用其他富氢有机化合物用车载重整器制氢作为燃料电池的燃料，生成物除水之外还可能有少量的 CO_2，接近零排放。

(4) 过载能力强。燃料电池除了在较宽的工作范围内具有较高的工作效率外，其短时过载能力可达额定功率的 200%或更大。

(5) 低噪声。燃料电池属于静态能量转换装置，除了空气压缩机和冷却系统以外无其他运动部件，因此与内燃机汽车相比，运行过程中噪声和振动都较小。

(6) 设计方便灵活。燃料电池汽车可以按照 X-By-Wire 的思路进行汽车设计，改变了传统的汽车设计概念，可以在空间和质量等问题上进行灵活的配置。

燃料电池电动汽车的主要缺点如下：

(1) 燃料电池汽车的制造成本和使用成本过高。燃料电池发动机的制造成本居高不下，国内估计 3 万元/kW，国外成本约 3000 美元/kW，与传统内燃机仅 200～350 元/kW 相比，差距巨大。使用成本过高，如高纯度(99.999%)高压氢(>200 bar)售价 80～100 元/kg，按 1kg 氢可发 10 kW·h 电能计算，仅燃料费即约为 10 元/kW·h，按燃料电池发动机工作寿命 1000 h 计算，折旧费为 30 元/kW·h。所以总的动力成本达 40 元/kW·h。目前由燃料电池发动机提供 1kW·h 电能的成本远高于各种动力电池，这从一个侧面反映了作为汽车动力源，燃料电池还有相当的距离。

(2) 辅助设备复杂，而且质量和体积较大。在以甲醇或者汽油为燃料的燃料电池电动汽车中，经重整器出来的"粗氢气"含有使催化剂"中毒"失效的少量有害气体，必须采用相应的净化装置进行处理，增加了结构和工艺的复杂性，并使系统变得笨重，而目前普遍采用的氢气燃料的燃料电池电动汽车，因需要高压、低温和防护的特种储存罐，导致体积庞大，给燃料电池电动汽车带来了许多不便。

(3) 启动时间长，系统抗震能力有待进一步提高。采用氢气为燃料的燃料电池电动汽车启动时间一般需要约 3 min，而采用甲醇或者汽油重整技术的燃料电池电动汽车启动时间则长达约 10 min，比起内燃机汽车启动的时间长得多，影响其机动性能。此外，在燃料电池电动汽车受到震动或者冲击时，各种管道的连接和密封的可靠性需要进一步提高，以防止泄漏，降低效率，严重时还会引发安全事故。

五、燃料电池汽车的主要技术

电动汽车的关键能源动力技术包括电池技术、电机技术、控制器技术。

项目五 燃料电池汽车

燃料电池是直接将燃料的化学能转变为电能，能量转变效率高，比能量和比功率都高，并且可以控制反应过程，能量转化过程可以连续进行。但是理想的汽车用电池还处于研制阶段，一些关键技术还有待突破。广泛应用于电动汽车的燃料电池是一种称为质子交换膜的燃料电池(PEMFC)，它以纯氢为燃料，以空气为氧化剂，不经历热机过程，不受热力循环限制，因此能量的转换效率高。同时，它还具有噪声低、无污染、寿命长、启动迅速、比功率大和输出功率可随时调整等特性，使得PEMFC非常适合用作交通工具的动力源。

1. 燃料电池系统

燃料电池是燃料电池电动汽车发展的最关键技术之一。车用燃料电池系统核心是燃料电池堆。燃料电池堆技术发展趋势可用耐久性、低温启动温度、净输出比功率及制造成本4个要素来评判。燃料电池堆研究正在向高性能、高效率和更高耐久性方向努力。

降低成本也是燃料电池堆研究的目标，控制成本的有效手段是减少材料(电催化剂、电解质膜、双极板等)的费用，降低(膜电极制作、双极板加工和系统装配等)加工费。但是如何在材料价格与系统性能之间取得平衡，依然需要继续研究。以电催化剂为例，非铂催化剂体系虽然在降低成本上有潜力，但是其性能却远远无法达到车用燃料电池系统的要求。人们一直在努力降低铂的使用量，但即便是膜电极中有高负载量(如 Pt 担载量为 1mg/cm)，其性能也不能满足车用功率的需求。如何更有效地利用电催化剂的活性组分，使活性组分长期保持高活性状态，延长催化剂使用寿命是催化剂研究应该考虑的重点。

另外，作为车用燃料电池系统还需要攻克许多工程技术壁垒，包括系统启动与关闭时间、系统能量管理与变换操作、电堆水热管理模式及低成本高性能辅助设施(包括空气压缩机、传感器和控制系统)等。

2. 车载储氢系统

储氢技术是氢能利用走向规模化应用的关键。目前，常见的车载储氢系统有高压储氢、低温储存液氢和金属氢化物储氢 3 种基本方案。对于车载储氢系统，美国能源部提出在续驶里程与标准汽油车相当的燃料电池汽车中车载储氢目标是质量储氢密度为6%、体积储氢密度为 60 kg/m^3。纵观现有储氢方案，除了低温储存液氢技术，其他技术都不能完全达到以上指标。而低温储存氢气的成本与能耗很大，作为车载储氢并不是最佳选择。

如何有效减小储氢系统的质量与体积，是车载储氢技术开发的重点。一个比较理想的方案是，采用储氢材料与高压储氢复合的车载储氢新模式，即在高压储氢容器中装填质量较轻的储氢材料，这与纯高压(大于 40 MPa)储氢方式相比，既可以降低储氢压力(约 10 MPa)，又可以提高储氢能力。复合式储氢模式的技术难点是如何开发吸、放氢性能好，成型加工性良好，质量轻的储氢材料。

3. 整车热管理

燃料电池汽车整车热管理有两方面特性需要关注。

(1) 燃料电池发动机自身的运行温度为 60～70℃，实际散热系统的工作温度大致可以控制在 60℃，这样一来与整车运行的环境温度相比，温差不大，造成燃料电池汽车无法像传统汽车一样依赖环境温差散热，转而必须依赖整车动力系统提供额外的冷却动力为系统散热，这样从动力系统效率角度出发是不经济的，二者之间的平衡将是在热管理开发方面必须关注的。

(2) 目前整车各零部件的体积留给整车布置回旋的余地很小，造成散热系统设计的改良空间不大，无法采用通用的解决方案应对，必须开发专用的零部件(如特殊构造或布置的冷凝器、高功率的冷却风扇等)，这样就要求丰富的整车散热系统的基础数据以支持相关开发设计，而这点正好是目前国内整车企业欠缺的。

另外，与整车散热系统密切相关的车用空调系统开发也是整车企业必须关注的。由于没有传统的汽油发动机，传统空调的压缩机动力源发生了颠覆性变化，改用纯电动压缩机作为空调系统的动力源。这样在做整车散热系统需求分析时，空调系统性能需求作为整车散热系统的负载。因素也成为散热系统开发的技术难点。

4. 整车与动力系统的参数选择与优化设计

燃料电池汽车整车性能参数是整个燃料电池动力系统开发的信息输入，而虚拟配置的动力系统的特性参数也影响整车性能。两者之间的参数选择是一个多变量多目标的优化设计过程，而且参数选择与行驶工况和控制策略紧密相关，只有在建立准确的仿真模型基础上，经过反复寻优计算才可能达到较好的设计结果。目前参数设计主要借助于通用的或专用的仿真软件进行离线仿真，如 ADVISOR、EASY5、PSCAD、V2ELPH、FAHRSIM 等，其优点是方便快捷，适合于在设计初期对系统性能进行宏观的预估和评价，但难以对动力系统进行深入细致的分析与设计。随着系统开发的不断深入，某些已经存在的部件或环节将会集成仿真回路进行测试与研究，这些部件包括难建模部件、整车控制器及驾驶人等。为了实现虚拟模型与真实部件的联系，必须建立实时的仿真开发环境。目前实时仿真在燃料电池汽车领域主要用于整车控制器的在环仿真。例如，采用 dSPACE 建立整车控制器的硬件在环仿真环境。而集成真实部件的动力系统实时仿真测试环境将是整车与动力系统的参数选择与优化设计的技术升级方向。

5. 多能源动力系统的能量管理策略

能量管理策略对燃料经济性影响很大，而且受到动力系统参数和行驶工况的双重影响。目前开发方式一般是借助仿真技术建立一个虚拟开发环境对动力系统模型进行合理简化，从理论分析的角度得到最优功率分配策略与能量源参数和工况特征之间的解析关系，并从该关系出发定量地分析功率缓冲器特性参数对最优功率分配策略的影响，为功率缓冲器的参数选择提供理论依据，最终目的是定量地分析工况特征参数与最优功率分配策略之间的映射关系，完成功率分配策略的工况适应性研究。

完成能量管理策略的工况适应性开发后，其核心问题转变为功率分配优化，当然还必须考虑一些限制条件，如蓄电池容量的限制和各部件额定值的限制等。可用作功率分配的决策输入量很多，如SOC值、总线电压、车速、驾驶人功率需求等。按照是否考虑这些变量的历史状态，可以把功率分配策略分为瞬时策略与非瞬时策略两大类。

作为能量管理策略中的一部分，制动能量回收是提高燃料经济性的重要措施，也是一个难点问题。必须综合考虑制动稳定性、制动效能、驾驶人感觉、蓄电池充电接受能力等限制条件。制动系统关乎生命安全，而且制动过程通常很短暂，在研究初期一般不直接进行道路试验，而是在建立系统动态模型的基础上再进行深入细致的仿真研究。

以上是燃料电池电动汽车主要关键技术，它们对整车的动力性、经济性和安全性影响非常大，是需要解决的核心问题。

六、燃料电池汽车车型实例

目前部分企业在做的燃料电池汽车如下。

1. 帕萨特领驭氢燃料电池车

上海大众帕萨特领驭燃料电池车动力总成系统主要由燃料电池发动机、驱动电机及其控制器、DC-DC变换器、锂离子动力蓄电池组等组成。图5-14所示为帕萨特领驭燃料电池车。

图5-14 帕萨特领驭燃料电池车

2. 福田燃料电池客车

福田燃料电池客车是一款集"一新、二超、三低、四高"等特点于一身的高档豪华客车。一新：独具匠心的时尚新造型；二超：超大空间、超高运营效率；三低：低油耗、低排放、低噪声；四高：高质量、高安全、高科技、高舒适。

福田自主研发的氢燃料电池客车采用了先进的燃料电池及匹配技术，排放物为纯净的水，而且达到了可以直接饮用的程度。图 5-15 所示为福田燃料电池客车。

图 5-15　福田燃料电池客车

3. 上汽集团荣威 950 插电式燃料电池车

在 2015 年上海车展前，上汽集团与媒体进行了前瞻技术分享会，提前对即将在车展展示的两款"未来汽车"进行了预热。除了造势多时的智能汽车，上汽集团还抛出了另外一枚重磅炸弹——第四代荣威 950 插电式燃料电池车。该车可实现 400 多千米的续航里程，160km/h 的最高速度。图 5-16 所示为上汽集团荣威 950 插电式燃料电池车。

图 5-16　荣威 950 插电式燃料电池车

4. 现代汽车 ix35 氢燃料电池车

现代汽车 2014 年 2 月份开始在韩国投产 ix35 氢燃料电池车，成为全球首家推出量产版氢燃料电池车的车企，该车型在欧洲等市场以 ix35 的名称进行销售。现代选择 ix35 这款车衍生出燃料电池车并量产，部分原因是该车的传统车型颇受欢迎。在燃料电池版 ix35 中，工程师确保燃料电池堆、储氢罐、电池和动力总成的关键系统不会对车辆的可用性造成影响。

车中采用了功率为 100kW 的燃料电池堆为一台功率为 100kW 的电动机提供能量，电机可提供的峰值扭矩达到 300N·m，约合 221 磅·英尺，0～62mile/h 加速时间为 12.5s，最高时速可达 100mile/h，其行驶里程则为 369mile，约合 594km。储氢罐中可存放 5.6kg 氢气，也就是每千克氢燃料可支持汽车行驶 106km。图 5-17 所示为现代 ix35 氢燃料电池车。

图 5-17　现代 ix35 氢燃料电池车

5. 丰田 Mirai 燃料电池车

Mirai 是丰田首款量产的氢燃料电池车，与其他清洁能源不同，用氢气转化为电能驱动的汽车尾气近为对环境无害的水蒸气。该车在 2014 年年底接受预订，并于 2015 年正式发售。

Mirai 使用了液态氢作为动力能源，液态氢被储存在位于车身后半部分的高压储氢罐中。两个高压储氢罐分别置于后轴的前后两端。相比于国内热门的纯电动汽车，燃料电池车 Mirai 的最大优点在于，氢燃料添加的过程与传统添注汽油或者柴油相似，充满仅需要 3～5min，而在 JC08 工况下，续航里程可达 700km，也就是说更少的"充电"时间及更高的续航里程，从结果上看，燃料电池车的应用模式几乎无异于传统汽油或柴油车。图 5-18 所示为丰田 Mirai 燃料电池车。

图 5-18 丰田 Mirai 燃料电池车

6. 本田 Clarity 氢燃料电池车

本田 FCXlarity 燃料电池汽车以本田独创的垂直系统单元结构(VFlow)燃料电池堆技术为核心,实现了燃料电池车所特有的独特外观设计和划时代的驾乘感觉。

该车具有在行驶中完全不排放 CO_2 的终极清洁性能。垂直系统单元结构的燃料电池堆在大幅提高性能的同时实现了轻量化和小型化,与上一代 FCX 搭载的 Honda FC 燃料电池箱相比,功率由 86 kW 提高至 100 kW,最大扭矩达到 256 N·m,同时还可在-30℃的环境下启动。通过将轻量化和小型化的燃料电池安置在中央通道,在实现低车身高度的同时实现了舒适的车内空间。图 5-19 所示为本田 Clarity 氢燃料电池车。

图 5-19 本田 Clarity 氢燃料电池车

7. 雪佛兰 Equinox 第四代氢燃料电池车

雪佛兰 Equinox 燃料电池汽车使用了通用第四代氢燃料电池系统,该燃料电池组由 440

块串联电池组成，电力输出可达 93 kW，在车载 73 kW 同步电动机的共同驱动下，0～100 km/h 的加速只要 12 s，最高时速可达 160 km/h，其燃料电池的设计使用寿命为 2 年或 8 万千米，可以在低于零度的气候条件下正常启动及运行。

雪佛兰 Equinox 燃料电池汽车与上一代的燃料电池车相比，无论是在日常使用的便利性上，还是在动力系统的持久性上，都取得了长足的进步，再次印证了通用汽车在氢燃料电池车领域中的全球领导地位。图 5-20 所示为雪佛兰 Equinox 燃料电池汽车。

图 5-20　雪佛兰 Equinox 燃料电池汽车

8. 梅赛德斯-奔驰 Citaro 燃料电池公共汽车

梅赛德斯-奔驰 Citaro 燃料电池公共汽车外形尺寸为 11.95 m×2.55 m×3.7 m，可乘坐 70 人。该车采用 PEM 氢燃料电池，以氢气为核心燃料，并应用 600 V 电动机加以驱动，其输出范围可达到 200kW(269 马力)。最高车速可达 80 km/h，耗氢量为 17～23 kg/100 km，一箱燃料可以行驶 200～250 km，位居世界同类产品领先水平。图 5-21 所示为梅赛德斯-奔驰 Citaro 燃料电池公共汽车。

图 5-21　梅赛德斯-奔驰 Citaro 燃料电池公共汽车

9. 现代途胜燃料电池汽车

现代途胜燃料电池汽车搭载了最大功率 27 hp 的电动马达，以及 16 万立方厘米的压缩氢气储存量。同时据现代的说法，这台氢气燃料车的行驶距离高达 600 多里。不过，这台车子的节能率尚未达到现代的标准，目前只有 48%，离预期的 60% 还有一段差距。值得一提的是现代的氢气燃料电池，就算处于 -18℃时也能够正常发动，而且不会出现故障。图 5-22 所示为现代途胜燃料电池汽车。

图 5-22　现代途胜燃料电池汽车

任务二　燃料电池概述

一、燃料电池简介

1. 燃料电池的定义

燃料电池(Fuel Cell，FC)是一种化学电池，它直接把物质发生化学反应时释放出的能量变换为电能，工作时需要连续地向其供给燃料和氧化剂。由于它是把燃料通过化学反应释放的能量变为电能输出，所以被称为燃料电池。

2. 燃料电池的发展

1839 年，英国的 Grove 发明了燃料电池，用铂黑为电极催化剂的简单氢氧燃料电池点亮了伦敦讲演厅的照明灯。1889 年，Mood 和 Langer 首先采用了燃料电池这一名称，并获得 200 mA/m^2 的电流密度。由于条件未能跟上，燃料电池的研究直到 20 世纪 50 年代，才有了实质性的进展。英国剑桥大学的 Bacon 用高压氢氧制成了具有实用价值的燃料电池。60 年代，该燃料电池成功地应用于阿波罗(Appollo)登月飞船。从 20 世纪 60 年代开始，氢氧燃料电池广泛应用于宇航领域，同时，兆瓦级的磷酸燃料电池也研制成功。从 20 世纪 80

年代开始,各种小功率电池在宇航、军事、交通等各个领域中得到应用。

3. 燃料电池的特点

燃料电池电动汽车是汽车、电力拖动、电力电子、自动控制、化学电源、计算机、新能源及新材料等工程技术中最新成果的集成产物。因此,燃料电池电动汽车的开发和产业化需要解决诸多关键技术,如燃料电池、电动机控制、车身和底盘设计、测试技术及系统优化等。

1) 燃料电池的优点

(1) 反应物加料时间远远短于电化学电池的充电时间(机械充电式电池除外);

(2) 使用寿命长于电化学电池并且电池维护工作量更小。同普通电池相比,燃料电池是一个能量生成装置,并且一直产生能量直至燃料用尽;

(3) 高效率地把燃料转化为电能;

(4) 工作安静;

(5) 零排放或者低排放工作;

(6) 产生的剩余热量可以再利用;

(7) 燃料补充迅速,易于获得;

(8) 工作持久可靠。

2) 燃料电池的缺点

(1) 氢气的制取成本高;

(2) 燃料电池反应过程中金属催化剂铂成本高;

(3) 氢气在储存、保管、运输中对安全性要求高。

4. 电动汽车用燃料电池的基本要求

电动汽车用燃料电池的基本要求如下。

(1) 提高车用燃料电池单位质量(或体积)、电流密度及功率,提高车辆所必需的快速启动和动力响应的能力;

(2) 必须开发质量更轻、体积更小,能储存更多氢能的车载氢储存器具,以便更有效地利用燃料能量,提高续驶里程和承载质量;

(3) 必须解决好氢气的安全问题,在一定的条件下,氢气比汽油具有更大的危险性,所以无论采用什么储存方式,储存器具及其安全措施都必须满足使用要求;

(4) 电池组件必须采用积木化设计,开发有效的制造工艺,并进行高效的自动化生产,从而降低材料和制造费用;

(5) 发展结构紧凑及性能可靠的质子交换膜燃料电池的同时,开发应用其他燃料,像甲烷、柴油等驱动的质子交换膜燃料电池,这将会拓宽质子交换膜燃料电池的应用范围。

5. 燃料电池的性能参数

燃料电池的性能参数主要有电动势、容量、比能量和电阻。

电动势是单位正电荷由负极通过电池内部移到正极时，电池非静电力(化学力)所做的功。电动势和电压不仅使用同样的单位，电动势计算公式也和电压计算公式类似：

$$E = \frac{W}{q}$$

式中 　W——电源力将正电荷从负极移动到正极时所做的功，单位焦耳；

　　　q——电荷，单位库伦；

　　　E——电动势，单位伏特。

电动势取决于电极材料的化学性质，与电池的大小无关。电池所能输出的总电荷量为电池的容量，通常用 A·h 作单位。

在电池反应中，1kg 反应物质所产生的电能称为电池的理论比能量。电池的实际比能量要比理论比能量小。因为电池中的反应物并不完全按理论状况进行，同时电池内阻也要引起电压下降，因此常把比能量高的电池称作高能电池。电池的面积越大，其内阻越小。

6. 燃料电池新技术

燃料电池是利用氢和氧的电化学反应来产生清洁能源的，它不会产生 CO_2。但是，由于受到氢存储技术的限制，目前由燃料电池驱动的汽车样机和示范模型最高行驶距离仅能达到 322 km。在标准的温度和压力下，若要存储足够的氢达到 483km 的行驶距离，就需要一个体积相当于双层巴士大小的机载燃料电池；而其他方法如将氢气压缩存储在钢瓶里或将液化的氢气存储在罐里等，均因质量和体积问题无法实用。

英国 UK-SHEC 项目组的研究人员，尝试将氢以更高的密度储存，使电池质量控制在可接受的范围内。采用"化学吸附"方法，将气体分子吸入固体化合物的晶格间，在需要时再将其释放出来。现在，研究人员已研制出一系列氢化锂化合物，能很好地满足上述要求。该项目协调人认为这是燃料电池行业和交通运输部门期待已久的突破，这项关键性的突破可能使燃料汽车在未来 10 年内大量生产和应用。

二、燃料电池的类型

燃料电池依据其电解质的性质而分为不同的类型，每类燃料电池需要特殊的材料和燃料，且用于特殊应用。

按燃料的处理方式不同，燃料电池可分为直接式、间接式和再生式三种。直接式燃料电池按温度的不同又可分为低温、中温和高温三种类型。间接式燃料电池包括重整式燃料电池和生物燃料电池。再生式燃料电池中有光、电、热、放射化学燃料电池等。

按照电解质类型的不同，燃料电池大致可分为五类，即碱性燃料电池(AFC)、质子交换膜燃料电池(PEMFC)、磷酸燃料电池(PAFC)、熔融碳酸盐燃料电池(MCFC)、固体氧化物燃料电池(SOFC)。五种类型燃料电池的对比见表5-1。

表 5-1 五种类型燃料电池对比

类型	电解质	电化学效率/%	工作温度/°C	燃料、氧化剂	功率输出
碱性燃料电池	氢氧化钾	60~70	室温-80	氢气、氧气	0.3~5 kW
质子交换膜燃料电池	质子交换膜	40~60	80~100	氢气、氧气(空气)	1 kW
磷酸燃料电池	磷酸	55	160~220	天然气、沼气、双氧水、空气	200 kW
熔融碳酸盐燃料电池	碱金属碳酸盐熔融混合物	65	620~660	天然气、沼气、净化煤气、双氧水、空气	2~10 MW
固体氧化物燃料电池	氧离子导电陶瓷	60~65	800~1000	天然气、沼气、净化煤气、双氧水、空气	100 kW

按其工作温度的不同，把碱性燃料电池(工作温度为100℃)、固体高分子型质子膜燃料电池(也称为质子膜燃料电池，工作温度为100℃以内)和磷酸型燃料电池(工作温度为200℃)称为低温燃料电池，把熔融碳酸盐型燃料电池(工作温度为650℃)和固体氧化型燃料电池(工作温度为1000℃)称为高温燃料电池，并且高温燃料电池又被称为面向高质量排气而进行联合开发的燃料电池。

按其开发早晚顺序，把磷酸燃料电池称为第一代燃料电池，把熔融碳酸盐燃料电池称为第二代燃料电池，把固体氧化物燃料电池称为第三代燃料电池。这些电池均需用可燃气体作为其发电用的燃料。

三、燃料电池的工作原理

由于燃料电池能将燃料的化学能直接转化为电能，因此，它的能量转化方式不同于通过锅炉、汽轮机、发电机发生能量形态变化的火力发电机，避免了中间的转换损失，可以达到较高的发电效率。目前燃料电池的能量转化效率仅达到40%~60%，为保证电池工作温度的恒定，必须将废热排放出去。如果有可能，还要将该热能加以再利用，如高温燃料电池可与各种发电装置组成联合循环，以提高燃料的利用率。

与其他形式的发电方式相比，在满负荷还是部分负荷时均能保持高发电效率；装置规模大小均能保持高发电效率；具有很强的过负载能力；通过与燃料供给装置组合的可适用燃料广泛；发电出力由电池堆的出力和组数决定，机组容量的自由度大；电池本体的负荷响应性好，用于电网调峰优于其他发电方式；用天然气和煤气等为燃料时，NO_x 及 SO_x 等排出量少，环境相容性优良。

燃料电池的原理如图 5-23 所示。燃料电池是一种电化学装置，其组成与一般电池相同。其单体电池是由正、负两个电极(负极为燃料电极、正极为氧化剂电极)以及电解质组成。不同的是一般电池的活性物质储存在电池内部，因此限制了电池容量。而燃料电池的正、负极本身不包含活性物质，只是个催化转换元件。因此燃料电池是名副其实的把化学能转化为电能的能量转换机器。

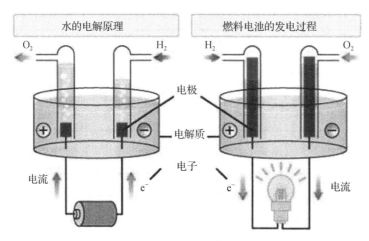

图 5-23　燃料电池的原理

电池工作时，燃料和氧化剂由外部供给，进行反应，原则上只要反应物不断输入，反应产物不断排出，燃料电池就能连续发电。燃料电池汽车路试时可以达到 40%～50% 的效率(普通汽车只有 10%～16%)。燃料电池汽车总效率比混合动力汽车也要高。燃料电池电动汽车仅排放热和水，是高效、环境友好的清洁汽车。燃料电池可节省石油，减小世界石油危机的影响。

1. 质子交换膜燃料电池

质子交换膜燃料电池采用可传导离子的聚合膜作电解质，所以也叫聚合物电解质燃料电池(PEFC)、固体聚合物燃料电池(SPFC)或固体聚合物电解质燃料电池(SPEFC)。

质子交换膜燃料电池的关键材料与部件为：电催化剂、电极(阴极与阳极)、质子交换膜、双极板。工作时，氢在阳极被转变成氢离子的同时释放出电子，电子通过外电路回到电池阴极，与此同时，氢离子则通过电池内部高分子膜电解质到达阴极。在阴极，氧气转变为氧原子，氧原子得到从阳极传过来的电子变成氧离子，和氢离子结合生成水。质子交换膜燃料电池如图 5-24 所示。

项目五　燃料电池汽车

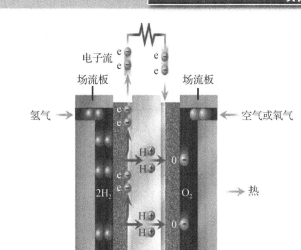

图 5-24　质子交换膜燃料电池示意图

1) 质子交换膜燃料电池基本结构

质子交换膜：质子交换膜(Proton Exchange Membrane，PEM)是 PEMFC 中最重要的部件之一，其性能好坏直接影响电池的性能和寿命。它不只是一种将阳极的燃料与阴极的氧化剂隔开的隔膜材料，还是电解质和电极活性物质(电催化剂)的基底，即兼有隔膜和电解质的作用；另外，PEM 还是一种选择透过性膜，在质子交换膜的高分子结构中，含有多种离子基团，它只允许 H^+ 穿过，其他离子、气体及液体均不能通过。

电催化剂：为了加快电化学反应速度，气体扩散电极上都含有一定量的催化剂。PEMFC 电催化剂主要有铂系和非铂系电催化剂两类。目前多采用铂催化剂。

电极：PEMFC 电极是一种多孔气体扩散电极，一般由扩散层和催化层构成。扩散层是导电材料制成的多孔合成物，起着支撑催化层，收集电流，并为电化学反应提供电子通道、气体通道和排水通道的作用。催化层是进行电化学反应的区域，是电极的核心部分，其内部结构粗糙多孔，因而有足够的表面积以促进氢气和氧气的电化学反应。

膜电极：膜电极(Membrane and Electrode Assembly，MEA)是通过热压将阴极、阳极与质子交换膜复合在一起而形成的。

双极板与流道：双极板又称集流板，是电池的重要部件之一，其作用是分隔反应气体，收集电流，将各个单电池串联起来和通过流场为反应气体进入电极及水的排出提供通道。

2) 质子交换膜燃料电池工作过程

PEMFC 在原理上相当于水电解的"逆"装置。其单电池由阳极、阴极和质子交换膜组成，阳极为氢燃料发生氧化的场所，阴极为氧化剂还原的场所，两极都含有加速电极电化学反应的催化剂，质子交换膜为电解质。

导入的氢气通过阳极集流板(双极板)经由阳极气体扩散层到达阳极催化剂层，在阳极催化剂作用下，氢分子分解为带正电的氢离子(即质子)并释放出带负电的电子，完成阳极反应。

$$2H_2 \rightarrow 4H^+ + 4e^-$$

氢离子穿过膜到达阴极催化剂层，而电子则由集流板收集，通过外电路到达阴极，电子在外电路形成电流，通过适当连接可向负载输出电能；在电池另一端，氧气通过阴极集流板(双极板)经由阴极气体扩散层到达阴极催化剂层。在阴极催化剂的作用下，氧与透过膜的氢离子及来自外电路的电子发生反应生成水，完成阴极反应。

$$4e^- + 4H^+ + O_2 \rightarrow 2H_2O$$

电池总的反应为

$$2H_2 + O_2 \rightarrow 2H_2O$$

上述过程是理想的工作过程，实际上，整个反应过程中会有很多中间步骤和中间产物的存在。从目前发展情况看，PEMFC 是技术最成熟的电动车动力源，PEMFC 电动汽车被业内公认为是电动汽车的未来发展方向。燃料电池将会成为继蒸汽机和内燃机之后的第三代动力系统。

2. 碱性燃料电池

碱性燃料电池是技术发展最快的一种电池，电池的设计基本与质子交换膜燃料电池相似，但其使用的电解质为水溶液或稳定的氢氧化钾基质。

3. 磷酸燃料电池

磷酸燃料电池是当前商业化发展得最快的一种燃料电池，使用液体磷酸为电解质。磷酸燃料电池的工作温度要位于200℃左右，但仍需电极上的铂金催化剂来加速反应。由于其工作温度较高，所以其阴极上的反应速度要比质子交换膜燃料电池阴极的速度快，且较高的工作温度也使其对杂质的耐受性较强。磷酸燃料电池的效率比其他燃料电池低，约为40%，其加热的时间也比质子交换膜燃料电池长。优点是构造简单、稳定，电解质挥发度低等。磷酸燃料电池可用作公共汽车的动力。

4. 熔融碳酸盐燃料电池

熔融碳酸盐燃料电池与上述讨论的燃料电池差异较大，这种电池使用溶化的锂钾碳酸盐或锂钠碳酸盐作为电解质。当温度加热到650℃时，这种盐就会溶化，产生碳酸根离子，从阴极流向阳极，与氢结合生成水、二氧化碳和电子。电子通过外部回路返回到阴极，从而完成循环发电。

5. 固体氧化物燃料电池

固体氧化物燃料电池工作温度高，位于 800~1000℃。在这种燃料电池中，当氧离子从阴极移动到阳极时，氧化燃料气体(主要是氢和一氧化碳的混合物)便产生电能，即在阳极生成电子，电子通过外部电路移动返回到阴极上，减少进入的氧，从而完成循环发电。

四、燃料电池的特点及应用

1. 燃料电池的特点

(1) 能量密度大，比能量可达到 200W·h/kg 左右。FCEV 要求采用氢气作为燃料电池燃料的质量比功率不小于 150W/kg，采用甲醇作为燃料电池燃料的质量比功率不小于 100W/kg。

(2) 一般在常温条件下运行，当温度在 80℃左右时易于快速启动。减少了温度对燃料电池材料的影响，提高了电池性能，延长了电池的寿命。

(3) 可以连续不断地工作，适合部分负荷特性的要求，这些优越的性能为 PEMFC 在 FCEV 上使用带来了很大便利。

(4) 单体电池的电压高，是电动汽车较理想的一种电源，有利于减小电动车辆的整备质量和降低电动车辆使用费用。

燃料电池的燃料有氢气、甲醇和汽油三种。根据燃料电池的发电原理，氢气是最理想的燃料，原因是氢气可以直接参与电化学反应；氢气燃料电池的产物中只有洁净的水蒸气，对环境不会造成任何污染。

2. 燃料电池的应用

燃料电池作为移动式电源的应用领域分为两大类：一是可用作便携式电源、小型移动电源、车载电源等，适用于军事、通信、计算机等领域，以满足应急供电和高可靠性、高稳定性供电的需要。实际应用是手机、笔记本电脑等便携电子设备电池，军用背负式通信电源，卫星通信车载电源等。二是用作自行车、摩托车、汽车等交通工具的动力电源，以满足环保对车辆排放的要求。从目前发展情况看，PEMFC 是技术最成熟的电动车动力电源。

国际上，燃料电池研究开发领域的权威机构是加拿大 Ballard 能源系统公司，美国 H-Power 公司于 1996 年研制出世界上第一辆以燃料电池发动机为动力源的大巴士。近年来，我国对燃料电池电动车的研发也极为重视，被列入国家重点科技攻关计划。上海神力公司、富原燃料电池有限公司、清华大学、中国科学院大连化学物理研究所已分别研制出游览观光车、中巴车样车，其性能接近或达到国际先进水平。

燃料电池除适用于作为交通电源外，也非常适合用于固定式电源。既可与电网系统互联，用于调峰，也可用作海岛、山区、边远地区或国防(人防)发供电系统电源。采用多台燃料电池发电机联网还可构成分散式供电系统。

五、燃料电池汽车国内外研究现状

随着环境问题和能源问题的日益突出，新能源汽车成为世界各大汽车厂商及研发机构的研究热点，而在其中，燃料电池汽车(fuel-cell vehicle，FCV) 以其高效率和近零排放被普遍认为具有广阔的发展前景。我国在燃料电池方面的投入也不断加大，在北京奥运会、上海世博会期间都有燃料电池轿车和大客车进行示范运行。燃料电池汽车在新能源汽车中将占据重要的地位。

1. 北美燃料电池汽车

美国和加拿大是燃料电池研发和示范的主要区域，在政府部门的支持下，燃料电池技术取得了很大的进步，通用汽车、福特汽车等整车企业均在美国加州参加燃料电池汽车的技术示范运行，并培育了一批国际知名的燃料电池研发和制造企业。通用汽车公司 2007 年将 100 辆雪佛兰 Equinox 燃料电池汽车投放市场，到 2009 年总行驶里程达到了 160 万千米。同年，通用汽车宣布开发全新的一代氢燃料电池系统，新系统与雪佛兰 Equinox 燃料电池车上的燃料电池系统相比，体积缩小了一半，质量减轻了 100kg，铂金用量仅为原来的 1/3。2017 年，100 kW 燃料电池发动机的铂金用量将进一步减少，达到传统汽油机三效催化器的铂金用量水平。

2. 欧洲燃料电池汽车

欧洲的燃料电池客车示范计划，完成了第 6、7 框架计划，目的是突破燃料电池和氢能发展的一些关键性技术难点，在欧洲清洁都市交通及欧盟其他相关项目支持下，各个城市开展燃料电池公共汽车示范运行，欧洲在燃料电池汽车的可靠性和成本控制等方面取得了长足的进步。

3. 日韩燃料电池汽车

从全球范围看，日本和韩国的燃料电池研发水平处于全球领先地位，尤其是丰田、日产和现代汽车公司，在燃料电池汽车的耐久性、寿命和成本方面逐步超越了美国和欧洲。丰田汽车公司在扩大混合动力汽车的同时，燃料电池汽车的产业化也非常卓越。韩国现代在全球率先进入燃料电池汽车千辆级别的小规模生产阶段，该车采用了 100kW 燃料电池，24 kW 锂离子电池，100 kW 电机，70 MPa 的氢瓶可以储存 5.6 kg 氢气，续驶里程 588 km，最高车速为 160 km/h。

4. 中国燃料电池汽车

目前中国的燃料电池汽车技术研发取得重大进展，初步掌握了整车、动力系统与核心部件的核心技术，基本建立了具有自主知识产权的燃料电池轿车与燃料电池城市客车动力系统技术平台，也初步形成了燃料电池发动机、动力电池、DC-DC 变换器、驱动电机、供氢系统等关键零部件的配套研发体系，实现了动力系统与整车的生产能力。

并在 2016 年 10 月《节能与新能源汽车技术路线图》内容发布中提出了燃料电池汽车发展的总体思路：近期(五年内)以中等功率燃料电池与大容量动力电池的深度混合动力构型为技术特征，实现燃料电池汽车在特定地区的公共服务用车领域大规模示范应用。中期(十年内)以大功率燃料电池与中等容量动力电池的电电混合为特征，实现燃料电池汽车的较大规模批量化商业应用。远期(十五年内)以全功率燃料电池为动力特征，在私人乘用车、大型商用车领域实现百万辆规模的商业推广；以可再生能源为主的氢能供应体系建设与规模扩大支撑燃料电池汽车规模化发展。

目前我国燃料电池汽车已在北京奥运燃料电池汽车规模示范、上海世博燃料电池汽车规模示范、联合国开发计划燃料电池城市客车示范，以及"十城千辆"、广州亚运会、深圳大运会等示范应用中取得了良好的社会效益。

在燃料电池汽车产业化趋于理性的大背景下，上汽集团制订了燃料电池汽车发展规划，以新源动力为燃料电池电堆供应商，开始投入大量资金研发燃料电池汽车，进行新一代燃料电池轿车的研发。同济大学已开展多轮燃料电池轿车的研发工作，研制的燃料电池轿车已在奥运会、世博会进行大规模示范运行。

任务三　氢燃料的应用

一、氢燃料在汽车上的应用方式

燃料电池利用

1. 氢气的携带方式

按照氢气的携带方式不同，氢气汽车可分为压缩氢汽车、液化氢汽车和吸附氢汽车。压缩氢汽车上氢气以 20～25 MPa 的压力储存于高压容器中。工作时经降压、计量和混合后进入气缸，也可以直接喷入气缸。

液化氢汽车是指以液态携带氢的氢燃料汽车，工作时液态氢经升温、降压和计量，然后直接喷入气缸，或在机外混合后进入气缸。一般是直接喷入气缸。液态氢的缺点有：液态氢容器必须承受-253℃以下的超低温，材料要求很高，管道及阀门要求有极高的绝热能力及耐低温能力；液态氢容器各接头密封难度很大。

吸附氢汽车是指以金属氢化物或碳纳米管携带氢的氢燃料汽车。工作时，储存于金属氢化物或碳纳米管中的氢释放出来直接喷入气缸，或在机外与空气混合后进入气缸。

2. 氢喷射方式

在进气阀关闭后将氢喷入缸内，即在气缸内部形成混合气，能有效地提高发动机功率。内部形成混合气的热值比气缸外部形成混合气的氢发动机高41%。内部混合气形成的氢发动机的氢喷射有低压喷射型和高压喷射型两种。

低压喷射型的喷射压力可低至1MPa。氢在压缩行程的前半冲程被喷入缸内，采用火花点火。因为氢是在进气阀关闭后喷入缸内，不会发生回火现象。因不会发生早燃，喷射 0~50℃的低温液态氢，可使其功率比汽油机高20%。若在室温下喷射氢，由于易发生早燃，氢发动机功率下降至与汽油机相同的水平。

采用高压喷射型时，氢在上止点附近喷入缸内，采用炽热表面点火或火花塞点火，其优点是不会发生回火、早燃及爆震，压缩比可达 12~15，从而提高热效率，适用于大缸径发动机。

但是，这种类型的氢发动机必须采取下列措施：

为了使氢能喷入燃烧室内的高压空气中，并使氢喷注贯穿整个燃烧室，喷射压力必须大于 8 MPa，此压力可通过采用液氢泵来获得。

由于氢极易通过喷射阀和阀座间的狭缝泄漏，所以这些机件必须精密加工。

由于氢的密度很小，它在高压空气中喷注的喷射速度较低，射程较短，此外，它的自燃温度高，且氢燃烧火焰的辐射较弱。所以，氢发动机的氢燃烧过程(包括氢的喷射、混合气形成、着火以及火焰传播)较迟缓。要实现快速燃烧，必须合理组织燃烧室内的气体流动。

因氢混合气难以压燃，故必须借助炽热表面或火花点火。这两种点火方式皆可行，但从点火系统的寿命以及防止喷嘴泄漏而积聚的氢发生早燃的角度考虑，火花点火方式更为合适。

3. 氢混合气点火方式

1) 低压喷射火花点火

低压喷射氢发动机适合采用火花点火方式。若通过增加充氢量并控制早燃，则可得到较大的输出功率。当过量空气系数小于 1.2 时易发生早燃，此时仅可获得相当于或小于汽油机额定功率的输出功率。若喷射氢的温度低至 0~50℃，则可防止早燃，发动机输出功率可增大。

2) 高压喷射炽热表面点火

根据炽热表面点火试验可知，炽热表面温度高于 900℃时，混合气才能可靠地着火。这种点火方式也存在实际使用寿命太短、加热点火塞需大容量的电池、喷氢阀易产生氢的泄漏以及启动时易发生早燃和回火等问题。

3) 高压喷射火花点火

为了解决高压喷射炽热表面点火存在的问题，可采用火花点火方式。由于氢/空气混合气只需较小点火能量便能着火，而且混合气着火界限也较宽广，故适合于采用火花点火。试验表明，若喷氢嘴的喷孔与火花塞电极间隙之间的距离缩短，则氢喷束顶端更易到达电极间隙内，从而使着火落后期缩短，燃气压力的升高更趋平稳。火花点火必须精确布置点火位置和控制点火正时。

二、氢气燃料来源

氢气作为车用能源，有两种应用方式，一种是氢气的化学能转变为电能，再转变为机械能，即燃料电池；另一种是燃烧氢气将其化学能转变为热能，再转变为机械能，即将氢气作为发动机燃料。此处介绍以氢气为发动机燃料的氢气汽车。

1. 氢气燃料的特点

氢为联系一次能源(石油、煤炭、风能、核能等)和用户的中间纽带，可分为"含能体能源"和"过程性能源"。汽油、柴油属于"含能体能源"，电能是当前应用最广的"过程性能源"。随着常规能源日益紧缺，在开发新的一次能源的同时，人们也将目光投向新的"含能体能源"。氢能正是一种值得期待的新型二次能源。氢气被广泛认为是未来人类社会的主要动力来源，尤其是用于发电和交通工具方面。

氢的资源丰富，在自然界大量存在。氢气的来源丰富，目前主要从水中通过裂解制取，或者来源于各种工业副产品。氢不具毒性及放射性，是一种清洁环保能源，它可存储、可循环再生。氢的燃烧热值高，高于所有化石燃料和生物质燃料，并且燃烧稳定性好，燃烧充分。由于具有上述优点，故氢在未来能源体系中，将成为各种能量形式之间转化的优良载体。

氢气的分子式是 H_2，它在常温、常压下是无色、无味的气体。氢气作为车用发动机燃料，具有以下特点。

(1) 氢气是不含碳的燃料，H_2O 是燃烧主要的生成物，废气中不含传统燃油发动机排放的 CO、HC 以及微粒、铅、硫等有害物质，也没有导致地球温室效应的 CO_2，只有高温下生成的 NO_x。

(2) 氢气燃烧的火焰传播速度快，是汽油的很多倍；氢是气态燃料，混合气形成质量好、分配均匀；着火界限很宽，允许采用较稀的混合气，实现稀薄燃烧；氢的自燃温度比汽油高，辛烷值高，允许有较高的压缩比。因此，氢气发动机的热效率比汽油机高。

(3) 氢气的质量低、热值很大，达到 119.9 MJ/kg，尽管理论空燃比也较大(34.48)，以质量计的混合气热值仍然保持高值，达到 3.38 MJ/kg，而汽油仅有 2.82 MJ/kg。但由于氢气的密度太小(仅为空气的 1/14.5)，它以体积计的混合气热值较小，仅为 3.17 MJ/m³，而汽油为 3.82 MJ/m³，天然气为 3.39 MJ/m³，甲醇为 3.56 MJ/m³，乙醇为 3.66 MJ/m³，二甲醚为 3.71 MJ/m³。因此，氢气燃料发动机理论上的输出功率比燃用汽油要低。

(4) 点火能量较低，最小可以低到 0.018 MJ，汽油掺氢燃烧后，点火能量可以降低，低温下容易启动。

(5) 氢气发动机易出现早燃、回火、工作粗暴等不正常燃烧现象。

(6) 容积系数很小，加上沸点低，因此氢在汽车上的存储难度大。

2. 氢气燃料的制取与储运

由于具有工作温度低、启动快、比功率高及环保等优点，质子交换膜燃料电池是近年来研究最多、应用最广泛的燃料电池，当前大多数的燃料电池汽车采用这种类型的燃料电池。质子交换膜燃料电池的氧化剂是氧气，可方便地从空气获取。燃料电池最常用的燃料是氢气。氢虽然是地球上最丰富的元素，但自然界中氢多以化合物的形式存在，氢气极少。为此，曾有学者指出，解决氢源问题意义重大。

1) 氢气燃料的制取

目前的工业制氢主要利用化石燃料，还广泛采用电解水制氢的方法。近年来，随着对大规模制氢需求的提高以及技术的发展，一些环保的、低成本的、新型的制氢方法，如太阳能制氢、生物制氢、热化学分解水制氢等方法应运而生，它们将逐渐成为大规模制氢的主流。

(1) 化石燃料制氢。化石燃料制氢是目前制氢的主要途径，其缺点是化石燃料储量有限，且制氢过程会对环境造成污染。化石燃料制氢主要有天然气制氢和煤气化制氢。

(2) 利用工业生产含氢尾气制氢。含氢尾气在许多场合是石化、钢铁、焦化工业的重要副产品，氢气可以通过合成氨生产尾气制氢、炼油厂回收富氢气体制氢、氯碱厂回收副产氢制氢、焦炉煤气中氢的回收利用等方法获得。

(3) 电解水制氢。电解水制氢是传统的制氢方法，在技术上是十分成熟的一种方法。制氢原理相当简单，由浸没在电解液中的一对电极，以及中间隔一层防止氢气渗透的隔膜，构成水电解室。电解液一般是含有 30%左右氢氧化钾(KOH)的溶液，当接通直流电后，水分解为氢气和氧气。

水电解制氢，技术成熟、设备简单、运行可靠、管理方便、不产生污染，制的氢气纯度高、杂质含量少，适用于各种应用场合。唯一缺点是耗能大，制氢成本高。

(4) 其他制氢方法。除了传统的化石燃料制氢和电解水制氢，目前还有一些正在发展中的制氢技术，如热化学分解水制氢、太阳能制氢和生物制氢。

2) 氢气燃料的储运

当氢作为一种燃料时，必然具有分散性和间歇性使用的特点，因此必须解决储存和运输问题。氢气无论以气态还是液态形式存在，密度都非常低，气态时为 0.08988 g/L，约为空气的 7%，液态(-253℃)时为 70.8 g/L，约为水的 7%。

氢在一般条件下以气态形式存在，且易燃、易爆，这就为储存和运输带来了很大的困难。储氢和输氢要求安全性高、能量密度大、能耗少。当作为车载燃料使用时，应满足车辆行驶的能量要求。总体说来，氢气储存可分为物理法和化学法两大类。物理储存方法主要包括高压氢气储存、液氢储存、活性炭吸附储存、碳纤维和碳纳米管储存、玻璃微球储存等。化学储存方法有金属氢化物储存、有机液态氢化物储存、无机物储存、铁磁性材料储存等。

根据《节能与新能源汽车技术路线图》规划，2020 年我国加氢站建设数量超过 100 座，2025 年数量超过 300 座，到 2030 年将突破 1000 座。而氢气运输方式也将从高压气态储运向常压高密度有机液体储运发展。

课后习题

一、选择题

1. 燃料电池与辅助蓄电池联合驱动 FCEV 的优点有(　　)。
   A. 系统对燃料电池的功率要求较纯燃料电池结构形式有很大的降低，从而大大地降低了整车成本
   B. 燃料电池可以在比较好的设定的工作条件下工作，工作时燃料电池的效率较高
   C. 系统对燃料电池的动态响应性能要求较低
   D. 汽车的冷启动性能较好

2. 燃料电池电动汽车的动力电控系统主要由(　　)组成。
   A. 燃料电池发动机管理系统(FCE-ECU)、动力控制系统(PCU)及整车控制系统(VMS)
   B. 燃料电池发动机管理系统(FCE-ECU)、蓄电池管理系统(BMS)
   C. 动力控制系统(PCU)及整车控制系统(VMS)
   D. 燃料电池发动机管理系统(FCE-ECU)、蓄电池管理系统(BMS)、动力控制系统(PCU)及整车控制系统(VMS)

3. 燃料电池堆技术发展趋势可用(　　)4 个要素来评判。
   A. 耐久性、低温启动温度
   B. 净输出比功率及制造成本

C. 低温启动温度、净输出比功率及制造成本

D. 耐久性、低温启动温度、净输出比功率及制造成本

4. 质子交换膜燃料电池的关键材料与部件为（   ）。

 A. 电极(阴极与阳极)、双极板

 B. 电催化剂、质子交换膜、双极板

 C. 电催化剂、电极(阴极与阳极)、质子交换膜

 D. 电催化剂、电极(阴极与阳极)、质子交换膜、双极板

二、fg 填空题

1. 燃料电池汽车按多电源的配置不同可分为_____、_____、_____、_____。

2. 纯燃料电池驱动系统将_____与_____反应产生的电能通过总线控制传给驱动电动机，驱动电动机将电能转化为_____再传给传动系统，从而驱动汽车行驶。

3. 燃料电池、蓄电池和超级电容一起为驱动电机提供能量，驱动电机将电能转化成机械能传给传动系，驱动汽车前进。在汽车制动时，_____变成发电机，蓄电池和超级电容将储存回馈的能量。

4. 燃料电池汽车的动力系统一般由_____、_____、_____和系统控制设备组成。

5. 电动机驱动系统是电动汽车的心脏，它由_____、_____、_____和电源(蓄电池)组成。

6. 按照氢气的携带方式不同，氢气汽车可分为_____、_____、_____。

三、判断题

1. 当燃料电池的输出功率大于汽车的需要时，多余的功率可对蓄电池进行充电，在动力系统启动时蓄电池可以给辅助系统提供电源。（   ）

2. 在燃料电池电动汽车所采用的燃料电池发动机中，为保证燃料电池组的正常工作，核心部件是氧气供给装置。（   ）

3. 燃料电池所产生的是交流电。（   ）

4. 车用燃料电池系统核心是蓄电池。（   ）

四、简答题

1. 我国燃料电池汽车的发展现状如何？
2. 燃料电池汽车对燃料电池有哪些要求？
3. 燃料电池汽车的分类有哪些？

4. 分析质子交换膜电池的结构。
5. 氢气作为车用发动机燃料有何优点?
6. 氢燃料汽车和普通汽油车相比有哪些不同?
7. 氢气如何获得?有哪些方法?
8. 氢气如何储运?

附 录

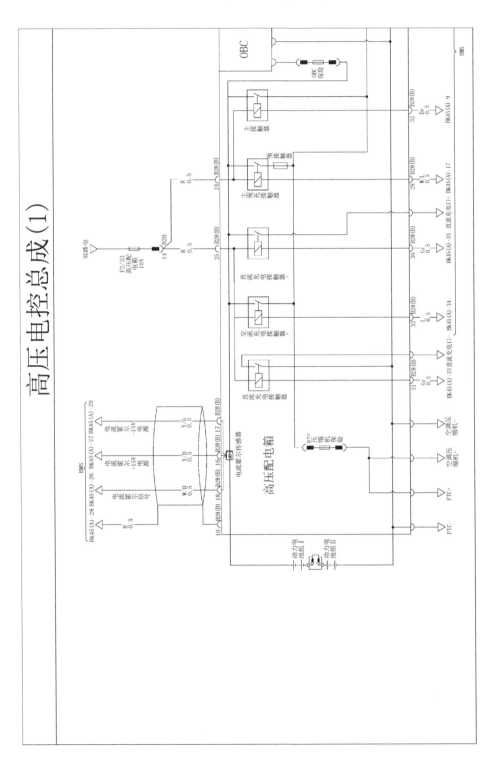

高压电控总成（1）

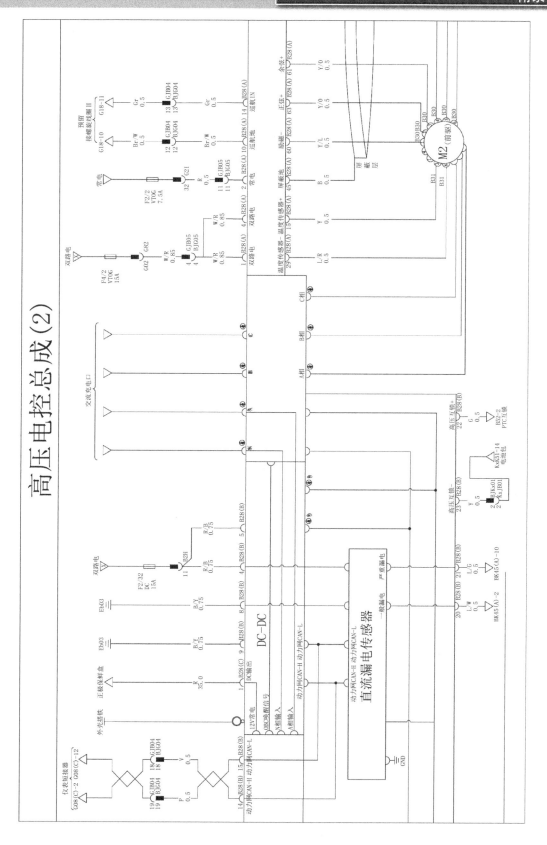

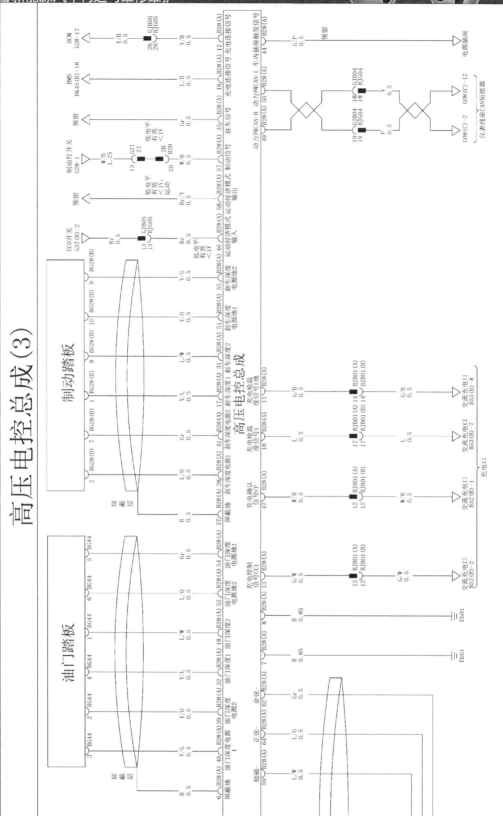

电池管理器（1）

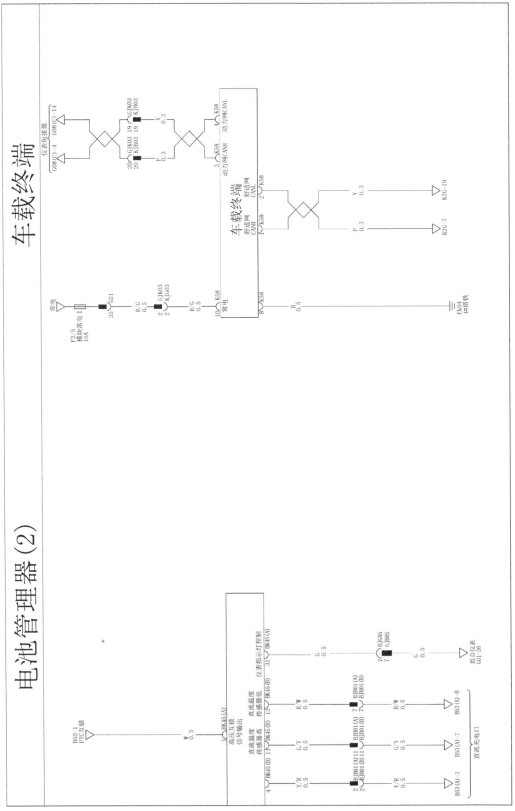

电池管理器(2)

参 考 文 献

[1] 中国汽车技术研究中心. 中国新能源汽车产业发展报告[M]. 北京：社会科学文献出版社，2019.

[2] 王庆年，曾小华. 新能源汽车关键技术[M]. 北京：化学工业出版社，2016.

[3] 包科杰，徐利强. 新能源汽车维护与故障诊断[M]. 北京：人民交通出版社，2017.

[4] 比亚迪汽车公司. 比亚迪 E5 维修手册[Z]. 2017.

[5] 比亚迪汽车公司. 比亚迪 E5 培训课件/技术资料[Z]. 2018.

[6] 深圳风向标股份有限公司. 比亚迪 E5 培训课件/技术资料[Z]. 2018.

[7] 四川一汽丰田汽车有限公司. 普锐斯用户手册[Z]. 2012.

[8] 孙远涛，张洪田. 丰田普锐斯混合动力汽车发动机的技术特点分析[J]. 黑龙江工程学院学报(自然科学版)，2011(4).

[9] 徐礼财. 丰田普锐斯油电混合动力系统概述[J]. 汽车与配件，2006(25).

[10] 明轩. 丰田普锐斯插电式混合动力车[J]. 汽车与配件，2010(35).

[11] 王梦瑶. 普锐斯混合动力汽车故障诊断实验系统的设计研究[D]. 天津：天津职业技术师范大学，2016.

[12] 彭仲连，许红军. 丰田普锐斯混合动力汽车结构原理与检修[J]. 汽车维修，2015(9).